궁녀의 하루

궁녀의 하루

지은이_ 박상진
사진_ 권태균·박상진

1판 1쇄 발행_ 2013. 3. 12
1판 3쇄 발행_ 2013. 5. 27

발행처_ 김영사
발행인_ 박은주

등록번호_ 제406-2003-036호
등록일자_ 1979. 5. 17.

경기도 파주시 문발동 출판단지 515-1 우편번호 413-756
마케팅부 031) 955-3100, 편집부 031) 955-3250, 팩시밀리 031) 955-3111

저작권자 ⓒ 박상진, 2013
이 책은 저작권법에 의해 보호를 받는 저작물이므로
저자와 출판사의 허락 없이 내용의 일부를 인용하거나 발췌하는 것을 금합니다.

값은 뒤표지에 있습니다.
ISBN 978-89-349-6224-3 03900

독자 의견 전화_ 031) 955-3200
홈페이지_ www.gimmyoung.com
이메일_ bestbook@gimmyoung.com

좋은 독자가 좋은 책을 만듭니다.
김영사는 독자 여러분의 의견에 항상 귀 기울이고 있습니다.

궁녀의 하루

박상진

김영사

서문

하루로 보는 역사 속 아웃사이더의 삶

역사를 이끌어나가는 힘이 대다수 민중에게 있는 것인지, 아니면 소수의 권력자들에게 국한되어 있는 것인지 필자는 정확히 알지 못한다. 사실 이 문제는 지금까지도 사학계에서 결론을 내리지 못한 오랜 논쟁의 지점이다.

기존의 한국사 연구는 왕을 정점으로 한 왕조사 연구에 치중되었던 것이 사실이다. 역사적 사료들 자체가 왕과 권신들을 중심으로 한 권력자의 기록이고, 그러한 사료들의 숲 안에서 아웃사이더들이 걸어간 작은 오솔길의 흔적을 찾아내기란 쉽지 않다.

그럼에도 불구하고 필자는 권력의 역사보다는 궁녀, 내시, 기생, 천인 등 역사 속 비주류들의 삶에 더 큰 관심을 가져왔다. 넓은 그물코를 가진 권력의 역사가 포착하지 못했던 또 다른 살아 있는 역사를 찾아내는 것. 그것이 우리의 역사 연구 풍토를 풍요롭게 만들어줄 뿐만 아니라 대중들로 하여금 역사의 존재 의미를 더 잘 느끼게 해줄 것이라는 소신 때문이었다.

  역사서는 출판 시장에서 가장 많은 종수의 책이 나오는 분야 중 하나다. 그럼에도 불구하고 지금 독자들의 호응이 그에 미치지 못하는 것은 책을 집필하는 저자들의 잘못이 큰 듯하다. "어떻게 고루한 한적漢籍 속에 잠든 역사를 대중의 구미에 맞게 전달할 것인가?" 하는 문제를 절실하게 고민하지 않는 것이다. 단 하루를 통해 궁녀의 역사를 꿰뚫는다는 기획을 생각하게 된 것은 이 때문이었다. 긴 역사도 따지고 보면 하루가 모여 이루어진 결과물이다. 역사를 이루는 기나긴 세월들과 수많은 요소들을 단 24시간 안에 담아낼 수 있다면 독자들이 좀 더 쉽게 이해할 수 있지 않을까?

  이 책은 총 3부로 구성되었다. 제1부는 〈하루로 읽는 조선 궁녀의 일생〉으로서 궁녀사를 대표할 수 있는 인상적인 하루들을 궁녀의 전 생애 속에 녹인 것이다. 입궁 첫날 밤에서 쥐부리 글려 행사, 방긋례와 봉급날 풍경, 친잠례 등의 하루들을 등장시켰고, 이야기의 소재는 생과방 나인과 세답방 수모로 만나 죽음까지 함께한 기옥과 서향, 서사상궁으로 세도를 누렸지만 연산군의 복수로 쇄골표풍碎骨飄風형에 처해진 조두대의 삶에서 가져왔다.

제2부 〈하루 일과에서 스캔들까지 궁녀의 모든 것〉에서는 궁녀의 하루 일과와 연원, 선발 과정과 일생, 취미 생활과 근무 백태, 그리고 은밀한 성과 스캔들 등 궁녀사 전반을 구성하는 특징적인 요소들을 다뤘다. 이 부분을 읽으면서 독자들은 왕조에 의해 철저하게 통제된 생활을 했던 궁녀들도 우리 같은 보통사람이었음을 느낄 수 있을 것이다. 예를 들어 궁궐 안에서 술을 빚어 팔고 아이를 기르거나, 기생을 불러다가 질탕하게 잔치를 베풀고 노는 궁녀의 모습은 그동안 알려진 이미지와 사뭇 다르다.

제3부 〈파란만장한 삶을 살다간 궁녀 이야기〉에서는 조선 최고의 갑부 궁녀가 된 박상궁, 푸른 눈의 프랑스 공사 플랑시와 리진의 애절한 사랑, 사도세자의 숨은 여인 수칙 이씨, 조선 궁궐의 이국 소쩍새였던 명나라 궁녀 굴씨와 일본에서 피어난 성녀 오타 주리아 등의 생애를 그려보았다. 그리고 관비에서 후궁이 된 신빈 김씨와 침방나인에서 왕의 어머니가 된 숙빈 최씨의 신데렐라 이야기도 함께 실었다. 흥미롭고 다채로운 라이프 스토리를 통해 궁녀라는 존재를 좀 더 친근하게 느낄 수 있는 계기가 되기를 바란다.

이 책이 혹여 포장만 번지르르한 출판 상품이 되거나 기존

연구서들의 내용을 답습하는 박제된 화석이 되지 않을까 하는 우려가 가슴 한편에 드는 것도 사실이다. 그러나 하루라는 키워드를 통해 역사의 씨줄과 날줄을 엮어 한국사의 아웃사이더 궁녀들의 삶을 입체적으로 조명한 것은 감히 말해 이전에는 볼 수 없었던 새로운 시도임을 자부한다. 필자의 능력이 미치지 못한 미진한 영역에 대해서는 독자제현들의 단호한 질정을 바랄 뿐이다.

끝으로 집필에만 전념할 수 있도록 배려해주신 김영사 관계자 여러분께 감사의 인사를 전하면서, 종묘사직을 지키고 역사의 뒤안길로 사라져간 수많은 궁녀들의 영전에 이 책을 바친다.

2013년 3월
백련산 자락에서 춘파春坡 박상진 쓰다

프롤로그

궁녀의 하루를 찾아서

 궁녀란 궁중에서 왕과 왕비 등 왕실 가족들을 모시고 일하던 여인들을 말한다. 이러한 궁녀들 중 대표적인 이들이 지밀궁녀이다. 지밀至密이란 왕과 왕비, 대비나 세자 등 왕실 가족이 거처하는 처소를 말하며 궁중에서 가장 깊고 지엄한 곳으로 말 한 마디 새어나가지 못한다는 뜻에서 사용되었다.

지밀의 최고 책임자는 정5품 상궁尙宮으로 왕비를 인도하며 종6품 상기尙記와 종7품 전언典言을 통솔했다. 지밀상궁은 일명 대령待令상궁이라고도 했는데 잠시도 왕의 곁을 떠나지 않고 항상 왕명을 받들기 위해 대기하고 있었기 때문에 이런 이름이 붙여졌다.

지밀 소속의 상궁과 나인이 하는 업무는 왕과 왕비의 신변

보호는 물론이고 입고 먹는 것에서부터 잠자는 것과 기타 일상생활에 이르기까지 일체의 시중을 드는 것이었다. 또한 내전의 물품 관리 및 내시부, 내의원, 전선사典膳司 등과의 중요한 교섭을 담당했다.

또한 지밀상궁 중에서 궁중 의식이나 결혼 등 대소 잔치에서 왕을 비롯한 왕비, 왕대비 등의 인도와 일의 진행을 담당했던 시녀상궁侍女尚宮은 지밀의 서책 관리와 국상 때 곡읍哭泣을 담당하기도 했다.

지밀나인들의 근무는 하루 24시간을 상하번으로 나누어 교대하는 2교대가 원칙이었다. 다른 처소 궁녀들의 근무가 하루 12시간 근무하고 36시간을 쉬는 격일제였음을 감안할 때 쉬는 날이 없었기 때문에 근무 조건이 열악했다고도 볼 수 있을 것이다. 하지만 승진 면에서 다른 부서에 비해 유리했고 다른 특전도 있었을 것으로 추측된다. 혹자는 처음에는

구한말을 살았던 상궁의 모습. 조선 초기의 모습도 이와 크게 다르지 않았을 것이다.

다른 부서처럼 격일제였고 구한말에 와서 바뀐 것이 아닌가 추정하기도 하지만 내시에도 장번長番과 출입번出入番이 있었음을 감안할 때 지밀은 상하번 2교대로 근무했던 것이 확실하다.

정식 나인이 아닌 생각시(견습 나인)들의 경우에는 11,12세 무렵에 예비 훈련이 시작되는데, 밤 근무는 무리라고 판단해서 낮에 올라갔다가 저녁에 내려오게 했다. 이것은 환갑이 지난 나이 든 노상궁의 경우도 동일했다.

그럼 이제부터 지밀궁녀들이 왕의 수라상을 올리는 장면을 살펴보도록 하자. 왕의 아침 수라는 10시경, 저녁 수라는 오후 6~7시경에 올린다. 왕의 수라상은 기본 음식 외에 12가지 찬품饌品이 올려지는 12첩 반상을 원칙으로 한다. 그러나 그 이상이어도 상관없었으며 찬물(반찬)의 내용은 계절에 따라 바뀌었다.

탕약을 올리는 날을 제외하고는 아침 수라 전에 미음이나 쌀을 완전히 곱게 갈아서 쑨 무리죽을 먼저 올린다. 죽은 계절에 따라 여러 가지 부재료를 넣고 끓였는데 원죽粒粥, 흰죽, 전복죽, 원미죽, 장국죽, 버섯죽, 잣죽, 타락죽, 깨죽 등이 있었다. 그런 다음 웃전에서 아침 수라 올리는 시각을 알려오면 거기에 맞추어 아침 수라를 대령한다.

수라상은 누런색이 조금 섞인 붉은색을 칠한 대원반 1개, 소원반 1개, 그리고 옻칠을 한 책상반 1개가 왕과 왕비용으로 각각 구성되어 있었다. 왕과 왕비가 겸상이 아닌 독상으로 수라를 들었기 때문이다.

각 상에 올리는 내용물은 대원반의 경우는 은수저 1벌, 은입사시 1벌을 오른쪽에 놓고 흰밥, 미역국, 간장류, 김치류, 찬품류를 가운데에 놓으며 왼쪽에는 토구吐口를 둔다. 토구는 뼈나 가시 등을 버리는 그릇으로 가시를 뱉은 뒤에는 뚜껑을 덮어놓는다.

소원반의 경우는 기미(시식)용 은입사시 1벌, 금테를 한 상아저 1벌, 팥밥, 곰국, 찬품류, 빈 그릇 1개, 빈 접시 2개, 냉수 대접(여름에는 사기대접, 겨울에는 은대접) 등으로 구성되어 있다. 또한 책상반에는 퇴선간退膳間에서 끓인 조치, 전골, 찜과 더운 음식을 받았다가 올린다.

이 밖에 냉수 주전자, 숭늉 주전자, 빈 접시 1개, 휘건揮巾(고운 목아사木亞紗나 고운 무명으로 된 수건), 첩 뚜껑, 행주, 가위 등을 올린다. 이때 왕과 왕비의 시중을 드는 수라상궁도 각각 세 사람씩이다.

수라상에 올리는 기본 음식과 12가지 반찬은 다음과 같다.

1) 기본 음식 : 밥(흰밥, 팥밥), 국(미역국, 곰국), 김치(섞박지, 깍두기, 동치미), 장(초간장, 초고추장, 겨자즙), 조치(젓국 조치, 고추장 조치), 찜(갈비찜), 전골 등

혜경궁 홍씨에게 올린 아침 수라를 재현한 모습

2) 반찬 : 숙채(애호박나물, 숙주나물, 도라지나물 등 삼색나물), 생채(무생채), 구이(너비아니구이, 생선구이), 조림(조기조림, 사태장조림), 전(민어전, 뮈쌈), 적(송이산적, 사슬적), 자반(북어무침, 장똑도기, 대구포, 어란, 장포육), 젓갈(새우젓), 회(육회, 민어회), 편육, 장과(삼합장과, 오이통장과), 별찬(육회, 어회, 어채, 수란) 등

지밀에 부속되어 있는 중간 부엌인 퇴선간에서 수라를 짓는데, 수라를 짓는 솥은 보통 솥이 아니라 새옹이라 부르는 곱돌솥이며 화로에 참숯을 피워 짓는다. 이때 쌀밥과 팥밥을 꼭 두 그릇씩만 짓는다.

국은 흰수라에는 미역국, 팥수라에는 곰탕을 놓는다. 찌개는 맑은 조치와 토장 조치를 끓여 그대로 올리거나 조치보에 옮겨 담아 올린다.

밥이 지어지면 내소주방內燒廚房에서 운반한 음식이 거리가 멀어 식은 관계로 다시 데워서 수라상에 올린다. 수라상이 완전히 준비되면 방으로 가져간다.

대원반은 남에서 북으로 향하여 놓고, 곁반은 수라상의 동편에 약간 떨어져서 나란히 놓으며, 책상반은 원반과 곁반 사이의 앞쪽에 기미상궁을 마주보도록 놓는다. 수라상을 방에 준비한 다음에는 왕을 모시고 들어온다.

왕이 좌정하면 은쟁반에 받쳐진 찬품단자饌品單子를 들여와 왕에게 보이고 내어간다. 이어 왕이 사용할 수저를 냉수 대접에 한 번 헹구어 행주에 닦아 바친다. 그러면 곁반과 책상반 옆에 앉아 있는 기미상궁이 조그만 그릇에다 밥과 반찬을 골고루 조금씩 덜어서 맛을 본다. 이는 혹시 독이 들어 있는지 검식檢食하는 것으로 '기미를 본다'고 한다.

기미상궁은 왕이나 왕비를 어렸을 때부터 모셔온 사람이 맡는다. 왕비의 기미상궁은 보통 시집올 때 친정에서 함께 들어온 상궁(본방 나인 출신)이 맡는다. 아무 이상이 없으면 왕과 왕비는 수라상궁의 시중을 받으며 음식을 들기 시작한다. 대원반의 맞은편에 앉은 수라상궁은 수라 휘건을 앞에 대고 협자挾子(핀 같은 것)로 끼운 뒤 식기 뚜껑을 열고 시중을 든다. 책상반 앞에 앉은 수라상궁은 풍로에 전골틀을 얹어 전골을 올리고, 더운 음식을 받아놓았다가 원반으로 옮기는 일을 한다.

왕과 왕비가 수라를 드는 동안 그날의 번인 3명의 궁녀가 책상반 위쪽에 두 손을 땅에 대고 일렬횡대로 꿇어 엎드린 채로 지켜본다.

왕과 왕비가 물린 퇴선상의 음식은 퇴선간에서 지밀상궁(큰방상궁) 나인들이 상머리에 둘러앉아 먹는다. 이때 적어도 서너 차례에 걸쳐 식사를 하게 마련인데, 처음에는 큰방상궁을 중심으로 아주 고참급의 예순 이상의 노상궁들이, 그다음에는 오십대에서 사십대, 그다음에는 삼십대, 이십대 젊은이와 십대 생각시의 순서대로 먹는다. 만약 밥이나 반찬이 부족하면 내소주방에서 갖다가 먹었다고 한다.

조선의 마지막 왕인 순종은 취미 생활로 당구치기를 즐겼는데 창덕궁 낙선재 후원에 있는 상량정이 당구대가 놓였던 자

《가례도감의궤》에 나타난 상궁과 내시들

리이다. 이때 지밀 소속의 궁녀들은 곁에서 시위(侍衛) 겸 구경을 했다.

지밀상궁은 조선시대 때 상류층 부인들이 예장용으로 하던 머리 모양인 어여머리(於由味)를 할 수 있었는데, 상궁 중에서는 유일하게 지밀상궁만 할 수 있었다. 어여머리는 큰머리에 버금가는 예장용 머리로 궁중에서나 양반가 부녀들만 할 수 있었다.

여인들의 머리꾸미개였던 떨잠. 큰머리나 어여머리의 앞 중심과 양옆에 한 개씩 꽂았다.

어여머리를 하는 방법은 제 머리는 앞 가리마를 하고 뒤통수 아래에서 쪽을 찐 후, 가리마 위에 어염족두리를 쓰고 다시 가체로 땋아 만든 커다란 다리(月子)를 어염족두리 위에서 양 귓가와 목덜미 위를 둘러 얹은 다음, 머리 위와 양옆에 화려한 떨잠을 꽂고 머리 뒤에는 붉은 댕기로 장식했다.

현종 8년(1667) 지엄하기 짝이 없는 구중궁궐의 지밀인 대비전 소속 나인이 형부와 간통하여 임신하는 사건이 발생했다. 그녀의 이름은 귀열(貴烈)이었다. 한창 꽃다운 나이인 이팔청춘의 귀열은 깊은 궁궐의 기나긴 겨울밤을 견디기 어려웠다. 그녀는 남자의 품이 그리웠다. 마침 그녀에게는 같은 궁

프롤로그 | 15

궐에서 서리書吏로 근무하는 형부 이홍윤李興允이 있었다.

어느 날 그녀는 남자를 생각하다가 형부 이홍윤을 떠올리고 그를 유혹하기로 마음먹었다. 그녀는 심부름을 담당하는 글월비자를 시켜 형부에게 편지를 보내 만나자고 전한다. 두 사람이 자주 만나면서 사이도 급속도로 가까워져서 마침내 넘어서는 안 될 선을 넘고 만다. 두 사람이 불륜을 저질러 결국 귀열이 임신하는 사태가 벌어진 것이다.

아무리 조심을 하면서 몰래 만난다고는 하지만 꼬리가 길면 밟힌다고 결국 이들의 밀월은 감찰상궁의 미행에 포착되어 왕에게까지 알려졌다.

임금 현종은 곧 상선尙膳(종2품의 내관)을 시켜 두 사람을 잡아들이도록 했다. 낌새를 눈치 챈 이홍윤은 궐 밖으로 나가 몸을 숨겼지만 임신한 무거운 몸으로 미처 피신하지 못한 귀열은 혼자 체포되어 내수사內需司 옥에 갇혔다.

옥 안에서 아이를 낳은 귀열은 형부와의 간통 사실을 순순히 자백했다. 그러자 현종은 귀열을 내수사에서 출옥시켜 형조에 회부하고는 법령을 적용하게 했다. 형조에서 목을 매는 교수형에 처해야 된다고 아뢰자 현종은 등급을 높여 목을 베는 참수형에 처하라고 명했다.

사건을 맡은 형조의 관리들이 법조문을 인용하며 여성에게 참형은 있을 수 없다고 아뢰었지만, 극도로 흥분한 현종은 들지 않고 즉시 형을 집행할 것을 명했다. 왕명을 출납하는 승정원의 승지들 역시 법령이 한번 잘못 시행되면 뒤 폐단에 적지 않게 관련되니 형조의 논의대로 행하라고 청했지만 이번에도 현종이 듣지 않아 마침내 참수형을 거행했다.

  사건의 여파는 그녀의 부모에게도 미쳤다. 현종은 귀열의 아비 되는 광찬光燦과 어미 숙지淑只가 사실을 알고도 알리지 않았다는 이유로 형신을 가하고 먼 곳으로 귀양을 보냈다. 귀열의 일은 지엄한 궁궐 지밀에서 절대로 일어나서는 안 되는 사건이었던 것이다.

차례

서문 – 하루로 보는 역사 속 아웃사이더의 삶 • 4

프롤로그 – 궁녀의 하루를 찾아서 • 8

1부 하루로 읽는 조선 궁녀의 일생

1. 죽음까지 함께한 두 궁녀, 기옥과 서향 • 22
2. 연산군의 희생양이 된 여인, 상궁 조두대 • 62

2부 하루 일과에서 스캔들까지 궁녀의 모든 것

1. 궁녀의 하루 일과 • 102
2. 궁녀의 역사 • 125
3. 궁녀의 선발과 일생 • 135
4. 궁녀의 취미 생활과 재테크 그리고 근무 백태 • 162
5. 궁녀의 성과 은밀한 스캔들 • 178

3부 파란만장한 삶을 살다간 궁녀 이야기

1. 조선 최고의 갑부 궁녀가 되다, 박상궁 • 192
2. 국경을 넘어 사랑한 궁녀의 비극, 리진 • 236
3. 스스로 삼간 단아하고 고결한 삶, 신빈 김씨 • 248
4. 성군의 어머니가 된 궁녀, 숙빈 최씨 • 257
5. 옛 임금을 향한 변함없는 마음, 한보향 • 271
6. 한 번 사랑은 영원한 사랑이다, 수칙 이씨 • 280
7. 조선 궁궐의 이국 소쩍새, 명나라 궁녀 굴씨 • 289
8. 바다 건너에서 피어난 조선의 성녀, 오타 주리아 • 298

참고 문헌 • 307

1

하루로 읽는
조선 궁녀의 일생

죽음까지 함께한
두 궁녀,
기옥과 서향

 임금 저주 사건으로 죽은 어느 궁녀의 생애

저는 지난 인조 기묘년(1639, 인조 17) 옥사에 억울하게 죽임을 당한 궁녀 기옥ㄹ玉이라고 합니다. 이미 불귀의 객이 된 몸이지만 억울한 누명만은 벗어야겠기에 이렇게 입을 열게 되었습니다.

저는 본래 영창대군 집에 속한 나인이었지요. 아버지께서는 양민이셨지만 여종으로 계셨던 어머니와 결혼해 저를 낳았기 때문에 저 또한 국법인 종모법從母法에 따라 종이 되었습니다.

제 나이 15세가 되던 인조 계해년(1623, 인조 1) 5월, 저는 궁녀로 입궁해 인목대비전의 생과방生果房에서 일하게 되었습니다. 그리고 얼마 후 저는 세수간洗水間의 수모水母로 입궁한 서향西香이와 한 방을 쓰면서 서로 의지하는 사이가 되었지요. 그 아이는 한 살이 더 많았던 저를 친언니처럼 따랐고 저도 그런 서향이를 동생처럼 아꼈답니다.

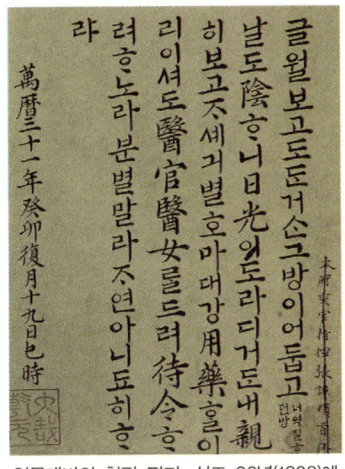

인목대비의 친필 편지. 선조 36년(1603)에 쓴 병문안 편지다.

그런데 인조 10년(1632) 6월 28일 인목대비께서 승하하시자 저와 서향이는 궁을 나와야 했습니다. 이때만 해도 저는 그것으로 궁궐 생활이 끝난 것으로 생각했지요. 그런데 그게 아니었습니다. 이번에는 인조비인 인열왕후께서 저를 세답방洗踏房 나인으로 불러들이셨습니다. 이날이 11월 30일이었지요. 이 두 번째 입궁이 제 인생의 비극적인 종말을 가져올지는 상상도 못했습니다.

제가 서향이와 다시 만난 것은 헤어진 후 3년이 지난 을해년(1635, 인조 13)이었습니다. 당시 중전이셨던 인열왕후 한씨께서 태기를 보이자 장차 태어나실 아기씨의 유모를 추천해 보라 하여 제가 서향이를 천거했습니다. 하지만 어떤 이유인지 대군 아기씨는 태어나자마자 숨을 거두셨고, 중전마마께서도 그해 12월 출산한 지 나흘 만에 돌아가셨습니다. 할 일이 없어진 서향이는 할 수 없이 다시 궁을 나와 친정에서 머물다가 자녀가 딸린 한 홀아비와 결혼을 했습니다.

그런데 우리에게 더 큰 시련이 닥쳤습니다. 이듬해에 여진족 무리인 청나라가 쳐들어온 것이지요. 저의 형제자매 3명은 오랑캐들에게 포로로 잡혀갔고 서향이의 전처 자식도 심양으로 끌려갔답니다. 서향의 남편이 전처 자식의 몸값을 지불하기 위해 집을 팔아 중국으로 떠나자 서향이는 갓 태어난 아이와 열 살이 조금 넘은 전처 자식까지 책임져야 했지요.

당시 대전의 색장色掌으로 있던 저는 서향이의 딱한 사정을 외면할 수 없었습니다. 저는 대전의 바느질거리를 소개해주는가 하면 궁중에서 들여오는 단목丹木과 후추 등의 물건을 필요량 이상으로 사두었다가 서향이에게 구입가로 팔기도 했습니다.

물론 이것도 국법을 어긴 것이 되겠지만, 저와 서향이가 주상 전하 저주 사건의 주모자라는 것은 억울하기 짝이 없는 누명입니다. 저는 전하의 하해와 같은 은덕을 입어 망극하게도 궁궐의 색장이 되었는데, 무슨 원한이 있어 전하를 모해하려 했겠습니까?

이 일은 김상궁이 꾸민 일이었을 뿐 우리와는 아무 상관이 없는 일입니다. 그래서 저는 여섯 차례의 형문을 견디면서도 결백을 주장했고 서향이 또한 죄가 없었기에 모진 고문으로 죽어가면서도 끝까지 무고하다고 말했습니다.

마지막으로 마음 아픈 것은 저 때문에 아무 죄 없는 아버님까지 모진 고문을 당하시다가 돌아가신 것입니다. 이것이 주상 전하 저주 사건으로 억울하게 죽어간 제 일생을 회고해본 것입니다.

입궁 첫날 밤

한 번 들어오면 살아생전에는 다시 나갈 수 없다는 구중궁궐 안 사방에 어둠이 내려앉은 깊숙한 후원의 궁녀 처소에서 불빛이 새어 나온다.

"게 있는가?"

"네, 마마님!"

생과방 나인 기옥은 문밖의 소리에 반사적으로 대답했다. 기옥은 직감적으로 목소리의 주인공이 자신이 근무하는 자전(대비전) 생과방의 상전 한상궁임을 알아챘다.

이 밤중에 한상궁이 무슨 일로 자신을 찾을까 하고 의아한 마음으로 방문을 열어보니 한상궁 옆에 자기 또래의 소녀 한

깊은 숲처럼 구중궁궐을 이루고 있는 창덕궁의 모습

명이 보따리를 들고 서 있었다.

기옥은 잰걸음으로 섬돌에서 내려서면서 한상궁에게 고개를 숙였다.

"어서 드시지요, 한상궁 마마님."

"아닐세. 오늘부터 이 아이와 함께 방을 쓰도록 하게. 앞으로 자전 수모로 일할 아이일세. 아직 모든 것이 서투르니 자네가 잘 가르쳐주게나."

"알겠습니다, 마마님."

"서향이는 앞으로 기옥이를 선배이자 형님으로 생각하고

열심히 배워야 할 것이야."

"명심하겠습니다, 마마님."

서향이 다소곳이 고개를 숙였다. 기옥이 서향을 보니 의복은 남루하지만 총기가 넘쳐 보였다.

"그럼 난 자네만 믿고 돌아가겠네."

"너무 심려 마십시오. 소녀가 힘닿는 데까지 돕겠습니다."

"고맙네. 잘 있게."

"살펴 가시지요."

"살펴 가시지요, 마마님."

옆에 섰던 서향도 기옥을 따라 한상궁에게 인사를 올렸다.

"기옥이라 하네."

"서향이라 하옵니다. 잘 이끌어주십시오."

"앞으로 잘 지내보세."

"네, 항아님."

두 사람은 방 안에 자리를 잡고 앉았다.

"그 보따리는 뭔가?"

"부모님이 입궁할 때 준 밥그릇 하나와 솜이불입니다."

"그래, 올해 몇 살인가?"

"열넷입니다. 항아님은 몇이십니까?"

"자네보다 한 살이 많은 열다섯일세. 내가 한 살 위니 앞으로 형처럼 대해주게."

"그리하겠습니다. 앞으로 많이 도와주시어요, 형님."

"피곤할 테니 오늘은 일찍 자세."

"네, 형아님. 편히 주무세요."

기옥과 서향의 만남은 기옥이 입궁한 지 얼마 되지 않은 인조 1년 5월 저녁에 이루어졌다. 이튿날 두 사람은 아침을 먹고 기옥은 생과방으로, 서향은 세수간으로 출근했다.

생과방의 하루

생과방은 왕이 먹는 후식인 음료와 과자를 만드는 일을 담당하는 곳이다. 여름에 청량음료로 들었던 제호탕, 잣죽, 흑임자죽(깨죽), 응이죽(율무죽), 낙죽 등 죽 종류와 각종 전과, 식혜, 다식, 떡, 화채, 차 등을 만든다.

아침저녁의 수라상은 소주방燒廚房 나인들을 도와서 만들었으며 잔치 음식의 다과류는 이곳에서 관장했다. 궁중에서는 점심을 낮것이라 했는데 평일에는 과일, 과자, 떡, 화채 등 다과반 차림을 하거나 미음, 응이를 차렸다. 종친이나 외척의 방문이 있을 때는 장국상을 차렸는데 장국상에는 온면과 편육, 전유어, 배추김치(또는 장김치, 나박김치) 등을 간단히 올렸다. 장국상을 물리면 반드시 다과상을 올렸는데 보통 떡,

과자, 과일, 음료로는 따뜻한 차나 화채, 수정과, 식혜 등을 계절에 따라 특색 있게 마련했다.

생과방 안에 여기저기서 상궁과 나인들이 각자 음식을 만드느라 바쁘게 움직이고 있다.

"기옥이 자네는 전하께 올릴 온면을 조리하도록 하게."

"알겠습니다, 마마님."

기옥은 큰 솥에 물을 부은 후 끓이기 시작했고 잠시 후 몇 움큼의 국수를 솥 안으로 집어넣었다. 물이 한소끔 끓어오르자 한 바가지 더 부었다. 물의 온도를 내려가게 해서 국수 속까지 잘 익히기 위해서였다. 국수가 잘 익은 것을 확인한 기옥은 찬물로 헹구어 사리를 만들었고 국수를 반병두리 같은 놋그릇에 담았다. 그리고 쇠고기로 장국을 끓여 깨끗하게 기름을 걷고 맑은 장으로 국보다 세게 간을 해 놋그릇에 부었다.

고명으로 얹을 계란 지단, 석이채, 실고추, 호박과 파, 미나리 같은 푸른 채소를 차례대로 하나씩 썰어 국수 위에 얹기 시작했다. 그럴 때마다 기옥의 칼이 신기에 가까운 솜씨를 부리며 도마 위에서 춤을 추었다. 어느덧 국수를 담은 놋그릇이 오색을 띠기 시작했다. 기옥은 쇠고기 편육 한 주저를 국수 위에 얹었다. 이로써 주상 전하의 수라상에 올라갈 온면溫麵, 일명 '국수장국'이 완성된 것이었다.

"수고했네. 어서 장국상을 보게."

기옥은 수라상에 온면과 편육, 전유어, 나박김치를 올리고 수저를 놓았다.

"어서 대전으로 상을 옮겨가세."

"네, 마마님."

쥐부리 글려 행사

모든 상궁과 나인들이 제조상궁 앞에 모여 이야기를 듣고 있다.

"내일은 섣달 그믐날일세. 우리 궁중에서는 해마다 이날이면 '쥐부리 글려' 행사를 통해 새로 들어온 나인들을 교육하도록 되어 있네. 최상궁은 내시부에 연통을 넣어 행사를 준비하고, 나머지 상궁과 나인들은 내일 술시戌時(오후 7시~9시) 정각에 애기나인들을 한 사람도 빠짐없이 후원에 집결시키도록 하게."

"네, 마마님."

상궁과 나인들이 일제히 고개를 숙였다.

이튿날 술시 정각이 되자 후원에는 애기나인들이 도열했고, 젊은 내시들이 횃불을 들고 섰다. 기옥도 생각시 일행 중에 끼어 있었다. 건너편에는 왕비가 의자에 앉았고 주변에는 내명부들이 모여 있었다.

"중전마마, 행사를 거행하겠습니다."

"그리하시게."

감찰상궁인 최상궁의 말에 왕비 장렬왕후가 흔쾌히 대답했다.

"나인들에게 밀떡을 물리고 수건을 입에 걸도록 하게."

최상궁의 명에 따라 정식 나인들이 생각시들에게 밀떡을 물리고 수건을 입에 두르기 시작했다. 모든 준비가 끝나자 최상궁이 행사의 시행을 명했다.

"정상훼(尙烜), 시작하십시다."

"알겠습니다. 최상궁 마마님."

횃불을 담당하는 상훼(내시부 정7품의 관직)가 머리를 숙였다. 내시 한 명이 도열해 있는 횃불들에 차례대로 불을 붙였다. 이어서 횃불을 든 젊은 내시들이 어린 생각시들에게 열십자를 그으며 큰 소리로 외쳤다.

"쥐부리 글려! 쥐부리 지져!"

"아악!"

횃불을 들이댈 때마다 궁녀들은 질겁하며 뒤로 물러섰다. 내시들의 합창과 궁녀들의 비명 소리가 밤하늘의 찬 공기를 가르며 멀리 퍼져나갔다.

애기나인들에게 공포의 대상이 된 '쥐부리 글려' 행사는 연말연초의 궁중 풍속 중 하나였는데, 본래는 민간에서 정월 상해일上亥日과 상자일上子日에 풍년을 기원하는 주술적 행사로 출발한 것이었다.

농작물에 피해를 입히는 쥐나 해충들의 입부리를 지진다는 뜻을 담은 행사로 무언가를 태우는 형식이었다. 이것이 궁중 행사로 차용돼 섣달그믐 밤에 젊은 내시들이 애기나인들의 입에 밀떡을 물리고 얼굴 앞에 열십자를 그어 위협을 주는 행사로 정착한 것이다.

왕비는 이날 행사에 모든 내명부를 거느리고 나와 궁중의 기강을 세우고자 했다. 목적은 입단속이었다. 지엄한 왕실이 있는 대궐에서 함부로 입을 놀렸다가는 목숨이 위태롭다는 사실을 생생하게 각인시키기 위한 것이었다.

방굿례와 맞담배질

기옥과 서향이 각자 업무를 마치고 와서 자리에 누웠다.

"형님, 떡을 좀 얻어왔어요."

"무슨 떡인데?"

서향의 말에 기옥이 물었다.

"수방에 새로 들어온 아이가 상궁 마마님 앞에서 실수를 해서 친정에서 거나하게 한 상 차려왔대요."

"나는 안 먹을 테니 자네나 많이 먹게. 어려운 친정에서 궁중 음식에 입맛이 길든 상궁 마마님들을 위해 음식을 장만하느라 얼마나 고초가 심했겠나."

"듣고 보니 그러네요. 저도 안 먹을래요. 이 떡 갖다 버려도 되겠죠?"

"버리긴 아까우니 다른 나인들에게나 주게나."

방굿례(放氣禮)는 어른 앞에서 한 번이라도 실수를 하면 가하는 벌칙이었다. 실수를 한 애기나인의 본가에서는 교자상에 음식을 떡 벌어지게 차려 들여와야 했다. 생각시의 친정에서는 상궁 나인들에 맞는 음식을 잘 차려야 한다는 부담감이 있었을 것이다. 또한 가난한 축이 많았던 생각시들로서는 자기 실수 때문에 친정에 무거운 짐을 지운다는 부담감이 있었을 것이다. 하지만 무엇보다도 싫은 것은 동료 나인들과 친정 가족이 자신의 실수를 안다는 사실 자체였을 것이다. 이렇게 한 번 방굿례를 하고 나면 생각시들은 다시는 실수하지 않게 조심하게 돼서 효과가 상당했다.

"서향아, 재미있는 얘기 좀 해보련?"

"네. 그런데 형님은 왜 담배를 안 배우셨수?"

"백해무익한 담배는 배워서 뭐한다니? 너도 절대 담배는 배우지 마라."

"알았어요. 형님. 그런데 수방의 김상궁 마마님이 골초라는

철제은입사담배합. 담배합은 담배를 썰어 담아 두는 용기로 연합煙盒이라 하며 담배서랍, 초합草盒으로도 불렸다. 덕성여자대학교 소장

말 들으셨어요?"

"그래. 힘든 궁중 생활에 그마저도 없으면 얼마나 견디기 어렵겠니? 김상궁 마마님이 담배 시험 통과할 때 죽는 줄 알았다지 뭐니. 글쎄 2각(30분)이 지나도록 그만하라는 허락이 없어 계속 담배를 피우니 하늘에 별이 수도 없이 보였다더구나."

"그랬군요."

별다른 취미 생활이 없었던 궁녀들, 특히 중년 이상에서는 외로움을 달래기 위해 담배를 피우는 이들이 상당히 많았다. 하지만 담배를 피우고 싶다고 해서 누구나 피울 수 있는 것은 아니었다. 반드시 담배를 피우는 자격 시험을 통과해야 했다. 선배 상궁 앞에 돌아앉아서 그만하라고 할 때까지 담배를 피우는 것이었는데, 이 어려운 관문을 통과한 나인에게는 선배 상궁과 장죽을 문 채 맞담배질을 하는 것이 허용되었다.

봉급날 풍경과 두려운 측간 가기

기옥이 일하는 생과방에서는 오늘도 상궁과 나인들이 바쁘게 움직이고 있다.

"너희들에게 월봉을 주기 위해 사도시司䆃寺에서 사람이 나오기로 했다. 있다가 모이라고 하면 즉시 생과방 앞으로 나와라. 알아들었느냐?"

"네, 마마님."

생과방 행수 상궁인 김상궁의 말에 모든 나인들이 대답한다.

한참 후 사도시 관리와 아전, 관노들이 궁녀들에게 월봉으로 지급할 온갖 물건들을 수레에 가득 싣고 나타났다. 아전 한 명이 장부를 보면서 말했다.

"지금부터 월봉을 지급하도록 하겠소. 먼저 김혜순 상궁 앞으로 나오시오."

"알겠소."

"중미(중등품의 쌀) 2되 5홉, 콩 2승, 감장(단 간장) 4홉, 청장(진하지 않은 간장) 1홉 6작을 지급하도록 하게."

말이 떨어지자 관노가 김상궁에게 물건을 지급했다. 기옥도 같은 식으로 물건들을 받았다. 또한 사재감司宰監으로부터 각각 석수어 2개, 청어 1개 반, 진어(준치) 반 개, 밴댕이젓·백새우젓 각 7작 5리, 소금 5작도 받았다.

"서향이 자네도 오늘 월봉을 받았겠지?"

"그럼요, 형님."

"그래, 그동안 고생 많았네. 오늘 내가 굴비 요리를 해줄 테니 같이 먹도록 하세.

그날 두 사람은 기옥이 장만한 굴비 요리로 오랜만에 맛있는 저녁을 먹었다.

궁녀들은 국가로부터 월봉을 받았는데, 월봉을 담당한 부서는 호조의 하급 기관 사도시였다. 《육전조례》〈호전〉편에 의하면 "봉보부인(임금의 유모)에게는 중미 3되 2홉 1작, 두부용 콩 4되 5홉, 개자(겨자씨와 갓씨) 9작, 감장 1되 5홉"이 지급되었다.

또한 "아지유모(대군의 유모)에게는 중미 3되, 두부용 콩 2되 6홉, 개자 6작, 감장 9홉을, 상궁과 나인에게는 매월 중미 2되 5홉, 두부용 콩 2승, 감장 4홉, 청장 1홉 6작을, 무수리에게는 중미 2되, 두부용 콩 1승, 감장 2홉을, 방자와 아기씨를 모시는 여종, 유모를 모시는 여종에게는 각각 중미 2되, 감장 2홉"을 지급했다.

이들은 매일 사재감에서 생선과 소금 등 반찬거리도 받았다. 구체적으로 살펴보면 "봉보부인에게는 석수어(굴비) 3개, 난젓·백새우젓 각 1홉 5작, 소금 5홉을, 아지에게는 석수어 2개, 백새우젓 1홉 5작, 소금 6홉을, 상궁·시녀·유모·보모에게는 각각 석수어 2개, 청어 1개 반, 진어 반개, 밴댕이젓·백새우젓 각 7작 5리, 소금 5작을, 무수리에게는 석수어·청어 각 1개, 밴댕이젓 5작, 백새우젓·소금 각 3작을, 수모·파지의 방자·아지의 몸종에게는 각각 석수어·청어 각 1개, 백새우젓·소금 각 3작"을 지급했다.

제용감濟用監으로부터는 봄가을로 옷감을 하사받았다. 봉보부인에게는 봄에 정포正布(품질 좋은 베) 6필, 수주水紬(품질 좋은 비단)·백저포白苧布·백세포白細木·관목官木(각종 세금으로 수납한 모면) 각 1필이 지급되었다. 또 가을에 정포 4필, 수주·백세목 5승, 목(목면) 각 1필, 중면자中綿子(중간 품질의 면화)·상면자常綿子(보통 품질의 베)·면화 각 1근이 지급되었다.

각전·궁의 상궁과 나인에게는 봄에 각각 정포 2필 7승, 정주鼎紬(비단의 일종) 1필, 백저포 반 필이 지급되었다. 가을에는 상궁에게 정포 2필 7승, 정주 1필, 면화 2근이 지급되었고, 나인에게는 정포 2필 7승, 정주 1필, 면화 1근 반이 지급되었다. 또 무수리에게는 봄에 정포 1필 반, 가을에 정포 1필 반, 면화 8량이 지급되었다.

구한말에는 물품 대신 돈으로 월봉을 받기도 했다. 명세서를 기준으로 궁녀들의 보수를 알아보면 당시 가장 높은 보수를 받았던 사람은 제조상궁으로 월급이 196원이었다. 지금의 화폐 가치로 환산하면 약 200만 원 정도에 해당된다. 지밀상궁 중 가장 적은 액수를 받은 사람이 50원이었고, 침방·수방 등 나머지 방들은 40원부터 95원 사이였다. 기타 비자婢子는 한 사람이 20원을 받은 것을 빼고는 모두 18원을 받았다. 궁녀들은 맡은 업무와 연차, 품계에 따라 월급을 차등 지급받았던 여성 공무원이었다.

기옥과 서향이 방 안에 함께 앉아 있다.
"형님, 나 측간 가고 싶은데, 혼자 가기 무서운데……."
"알았어. 내가 따라가줄게."
"고마워요, 형님."
"우리 사이에 고맙긴. 어서 앞장서."
어느덧 측간 앞에 다다른 두 사람. 서향이 급히 측간 문을 열고 안으로 들어가고 기옥은 문 앞에 서서 망을 본다.
"아직 멀었니?"
"조금만 기다려요. 저녁에 음식을 잘못 먹었는지 영 속이 불편하네요."
"그래, 천천히 볼일 보렴. 그런데 오늘 바깥 날씨가 여간 아니네."
"그러게요. 많이 춥죠?"
"응. 너 측간에서 달걀귀신 나온다는 말 들었니?"
"형님, 무서워요. 그런 얘기 하지 마요."

"그래, 알았어. 빨리 볼일 보고 나와."

나인들 용어로 화장실을 '측간', '급한 데', '부정不淨한 데', 또는 '적은 집'이라 했다. 그런데 측간이 너무 멀어 젊은 나인들은 혼자 가지 못하고 두셋씩 모여서 같이 갔다고 한다. 조선시대 경복궁 안에는 측간이 스물여덟 곳 있었다.

나인 방 화재 사건

"부, 불이야! 살려주세요!"

갑자기 대비전 궁녀의 방 쪽에서 정적을 깨고 비명 소리가 울려 퍼진다.

"어서 물을 가져오시오!"

사람들의 다급한 목소리가 바람결에 실려 기옥의 방까지 전해진다. 곤히 자던 기옥이 잠을 깬다.

"서향아, 어서 눈 좀 떠봐! 불났나봐."

기옥이 서향을 흔들어 깨운다.

"부, 불이요? 어디서 났어요?"

"대비전 나인 방에서 났나봐."

서향이 눈을 비비며 힘겹게 일어난다.

"그런데 요즘 왜 이렇게 불이 자주 난데요?"

"그러게 말이다. 좌우지간 불평은 나중에 하고 어서 불부터 끄도록 하자."

"알았어요."

두 사람이 대비전으로 갔을 때 나인 방 주변에는 많은 사람들이 모여 있었다. 시간은 이미 오경五更(새벽 3시~5시)을 가리키고 있다. 불은 꺼졌지만 방 안에는 타다 남은 재가 보이고 매캐한 냄새가 코끝에 전해왔다. 서향은 손으로 코를 가렸다.

"다친 사람은 없소?"

기옥이 젊은 내관에게 물었다.

"그렇소. 천만다행으로 일찍 발견되어 대비전 나인들이 불을 껐소."

"네……."

"화재가 진화되었으니 다들 처소로 돌아가시오."

내관의 말에 사람들이 흩어졌다.

"우리도 돌아가자."

궁궐에서 화재가 나면 대부분 목재 건물이어서 대형 화재로 번질 수 있기 때문에 궁인들은 각별히 예방에 주의했다. 큰 불로 번지기 전에 진화가 되는 경우가 대부분이긴 했지만 그럼에도 불이 일어나는 일이 가끔씩 있었다. 《응천일록凝川日錄》을묘년(1615, 광해군 7) 3월 5일자 기사에는 "간밤 오경에 대비전 나인 방에서 불이 났다가 곧 꺼졌다"고 기록되어 있다.

인목대비의 승하

기옥과 서향이 입궁한 지 10년이 지나고 기옥이 25세, 서향은 24세가 되던 해, 이들의 운명을 바꿀 사건이 발생했다. 그녀들이 모시던 인목대비가 승하한 것이다.

인조 10년(1632) 6월 28일 저녁 인경궁 흠명전. 선조의 계비이며 인조에게는 대비가 되는 인목대비가 누워 있는 침전에는 무거운 침묵이 흐르고 있었다. 시간은 축시丑時(새벽 1시~3시)를 지나고 있었다.

왕비의 기침이 잠시 이어지다가 이내 사그라졌다. 지밀상궁이 상복尙服에게 속광례屬纊禮를 행할 것을 지시했다. 속광례란 망자의 입과 코 위에 햇솜을 얹어 숨을 쉬는지 여부를 확인하는 것이다.

상복이 인목대비의 코에 햇솜을 댔지만 솜이 움직이지 않았다. 광해군에게 친정아버지와 아들 영창대군을 잃고 한 많은 삶을 살았던 인목대비가 49년의 짧은 생을 마감하고 세상을 떠나는 순간이었다.

"중전마마……."

상복의 울음소리를 따라 당직을 선 지밀의 모든 궁녀들의 통곡 소리가 문밖으로 멀리 퍼졌다. 잠시 후 변사가 생겼을 때 군사를 모으기 위해 길게 부는 나팔 소리인 천아성 소리가 밤의 정적을 깨고 퍼져 나갔다. 이어서 고복을 했는데, 이것은 죽은 망자의 혼을 불러들이는 초혼을 말한다.

"어서 고복을 하시게."

"예, 마마님."

지밀상궁의 지시로 상복 두 사람이 밖으로 나갔는데, 한 사람은 평소 왕비가 입던 옷을 함에 받쳐 들고 한 사람은 빈 함을 들었다. 옷을 받쳐 든 상복은 다른 지밀나인의 부축을 받으며 처마 끝 물 떨어지는 곳인 유霤로부터 흠명전 지붕으로 올라갔다.

그러고는 지붕 한가운데 용마루를 밟고 서서 왼손으로는 옷깃을 잡고 오른손으로는 옷 허리를 잡고서는 북쪽을 향해 큰 소리로 "중궁복中宮復"하고 세 번 외쳤다. 그리고 옷을 안으로 던졌는데 상복 한 사람이 기다렸다가 함으로 받고 들어와 대비의 몸 위에 덮었다. 지붕에 올라갔던 상복은 뒤편의 서쪽 유로 내려왔다.

대비가 승하했다는 소식이 들리면 왕과 왕비, 세자와 대군 이하의 친자, 세자빈 이하, 모든 내명부의 빈 이하, 외명부의 공주, 부부인 이하는 모두 관과 웃옷을 벗고 머리를 풀어헤쳤으며, 소복을 입고 흰 신인 소혜와 굵은 베로 만든 버선을 신었다. 그리고 금, 옥, 비취, 노리개 등 사치스러운 장식들을 떼어낸 후 통곡했다. 또한 역복불식易服不食이라 하여 3일 동안

선조와 인목왕후의 무덤인 목릉의 모습. 경기도 구리시 인창동에 위치해 있다.

음식을 들지 않았다.

흥미로운 것은 5개월이나 되는 왕과 왕비의 초상 기간 동안 시신의 부패를 막기 위해 재궁(관) 주변에 얼음을 놓았다는 사실이다. 이것을 설빙設氷이라 했다. 초상 기간을 오래 잡은 것은 능을 조성하는 기간을 고려한 것이었다.

설빙을 하게 되면 공조에서 선공감으로 하여금 빙반(얼음판)을 만들게 했다. 크기는 사정에 따라 조금씩 조절했는데 건축용 자인 영조척으로 길이 10척(3미터), 너비 5척 4촌(1.6미터), 깊이 3척(90센티미터) 정도였다. 밖의 사면에는 큰 쇠고리를 박았는데 두터운 베로 고리를 꿰어 들기 편하게 했다.

이어서 잔상棧牀(살평상)을 만들었는데 길이가 8척, 너비는 3척 4촌으로 발까지 재면 높이가 1척 5촌이었다. 평상 위에는 빙 둘러 난간을 붙였는데 높이가 1척이나 되었다. 안에는 대그물을 붙여 옷이 밖의 습기를 받지 않도록 했다.

소반 가운데에 평상을 설치하고 평상 아래에 얼음을 넣은 뒤 대행왕대비를 평상 위에 옮겼다. 이어서 사면에 잔방棧防을 설치하고, 잔방의 연결된 곳에 쇠갈고리를 걸어 당겨 튼튼하게 하며, 얼음을 빙 둘러 올리되 높이를 잔방과 가지런하게 하여 얼음이 안쪽 평상을 침해하지 못하도록 했다.

얼음을 설치하는 시기는 음력 2월경인 중춘 이후부터였으며, 절기와 날씨를 헤아려 습의襲衣(시신에 입히는 옷)를 입히거나 소렴小殮(시신에 수의를 갈아입히고 이불로 싸는 것)을 한 후에 얼음을 사용했다.

만약 날씨가 그리 덥지 않으면 전목반에 얼음을 담아서 평상 아래와 사면에 두었다. 설빙은 조선시대의 냉동 영안실 같은 것이었다.

출궁하는 기옥과 서향

기옥과 서향은 자신들이 모시던 상전인 인목대비가 승하하자

궁을 나와야 하는 처지가 되었다. 기옥은 아버지 차귀현車貴賢이 살고 있는 친정집으로 돌아갔지만 한 달 만에 궁궐로 다시 불려 들어갔다. 인조비인 인열왕후 한씨가 세답방 나인으로 불러들인 것이다. 인조 10년 11월 30일이었다.

세답洗踏이란 빨래의 고어이다. 그러나 세답방 소속의 궁녀들은 빨래만 하는 것이 아니라 왕과 왕비의 의대衣襨 세탁, 다듬이질, 다리미질, 염색까지 담당했다. 궁녀들 가운데 세답방, 소주방 나인 또는 하역부인 무수리들은 죄를 입고 쫓겨나면 주막을 차려 주모가 되는 경우도 있었다.

어느 날 왕비 인열왕후가 기옥을 불렀다.

"중전 마마, 기옥 나인 입시이옵니다."

"어서 들라 하게."

지밀의 문차비를 맡은 상궁이 아뢰자 나인 둘이 문을 열어주었다.

"어서 오게. 기옥이라지."

"황공하옵니다."

기옥은 왕비 앞에 몸을 틀어 앉아 머리를 숙였다.

"전에 자전에서 일했다고 들었네만."

"그러하옵니다, 마마."

"내일부터 주상 전하가 계시는 대전의 색장 일을 맡도록 하게."

"성은이 망극하옵니다."

색장은 '빛장'이라고도 부르는데 계급이 아니고 보직이다. 색장나인은 궁내 전궁殿宮이나 궁 밖의 종친, 외척에게 문안 편지를 전달하거나 받아오는 일을 했다.

직책이 직책인 만큼 편지를 받아오면서 대전 안에 전달할 여러 물건을 함께 받아오고 수고조로 선물도 챙길 수 있는 자리였다. 또한 각 처소에서 다른 곳에 서신이나 선물을 보낼 때도 색장을 통해야 했다. 특히 색장나인은 아래에 '글월비자'라는 방자를 두고 심부름이나 문안 편지를 돌리는 일을 맡겼다.

북적거리는 나례 날 풍경

이해 12월 그믐날 창덕궁 인정전 앞은 나례식을 구경하는 사람들로 인산인해를 이루었다. 나례식은 민가와 궁중에서 묵은해의 잡귀를 몰아내기 위해 했던 의식으로 구나驅儺, 대나大儺, 나희儺戲라고도 불렀다.

구경꾼들 중에는 궁에서 근무하는 관리들은 물론 궁 밖에서 온 백성들도 많았다. 그야말로 서울 백성들의 축제였던 셈이다. 그중에는 기옥과 새로운 방 동무가 된 동궁(세자의 거처) 나인 춘향春香도 끼어 있었다.

  남녀노소 신분을 가리지 않고 많은 사람들이 모이다 보니 어린아이들이 가족을 잃어버리는 일도 비일비재했다. 실제로 인조 때 나인 명순命順은 광해군 14년(1622) 열세 살 나이로 궁중 나례를 보기 위해 부모의 손을 잡고 놀러왔다가 부모를 잃어버리고 광해군 세자의 나인 거처에서 살게 되었다. 그런데 이것은 명순의 아버지가 그녀를 궁녀로 들여보내기 위해 계획한 일로 보인다.

  행사장에는 산차화대山車花隊라는 큰 수레가 달린 차가 있었는데 그 위에 봉각을 지었고 연주를 할 수 있게 무대를 만들었다. 또한 잡상인들이 물건을 파는 좌판 비슷한 것을 만들어 바퀴 달린 차 위에 놓은 윤차輪車라는 것도 있었다. 대궐 안에서는 섣달그믐 전날에 대포를 쏘았는데 한 해를 마무리하는 대포라 하여 연종포年終砲라고 했다. 지방 관아에서는 대포 대신 소총을 쏘고 징을 울렸다.

  궁중 나례 의식은 관상감觀象監 주도로 거행되었다. 행사장 앞에는 붉은 모자에 소창옷을 입고 채찍을 잡은 집사자 12명이 서 있었다. 그리고 공인工人 22명 중 한 사람이 황금색 눈이 4개 달린 방상시(악귀를 쫓는 자) 가면을 쓰고 곰 가죽을 걸친 채 검정 웃옷과 붉은 치마를 입고 오른손에는 창, 왼손에는 방패를 잡았다. 역귀를 쫓아낼 때 주문을 외우는 창수唱帥는

나례식 당시 방상시 탈을 쓴 공인들의 모습. 국립민속박물관 소장

가면에 가죽옷을 입고 몽둥이를 거머쥔 채 있었다. 음악을 담당하는 고각군鼓角軍은 20명이 1대를 이루었는데, 깃대를 잡은 사람이 4명, 통소를 부는 사람이 4명, 북을 가진 사람이 12명이었다.

"거행하라."

명이 떨어지자 행사가 시작되었다. 고각군들의 연주에 맞춰 방상시가 춤을 추면서 귀신을 위협하려는 듯 고개를 좌우로 흔들고 발로 땅을 구르며 창으로 찌르는 시늉을 하면서 괴성을 질렀다. 이에 질세라 공인들도 춤을 추면서 왼손에는 방패, 오른손에는 창을 잡고 찌르는 흉내를 냈다. 이어서 창수가 주문을 외우고 몽둥이를 휘두르면서 춤을 추면 이에 맞춰 집사자들도 채찍을 휘두르며 춤췄다.

"어머, 춘향아! 저것 좀 봐. 눈동자가 넷이네. 어휴, 꿈에 나타날까 무섭다."

"그러게요, 형님. 귀신도 저 방상시 모습에 놀라 도망가겠어요."

"춘향아, 우리 저쪽 물건 파는 수레에 가서 구경 좀 하자꾸나."

두 사람은 상인들의 수레 쪽으로 가서 좌판에 놓인 엿들을 구경했다.

"어머, 형님. 엿 종류가 참 많아요."

"그러게. 아저씨, 이 엿 이름이 뭐예요?"

"이건 강원도에서 나는 옥수수로 만든 황골엿, 저건 전라도에서 나는 고구마엿, 이건 강원도 평창에서 나는 물엿, 저건 제주도에서 나는 닭엿과 꿩엿이라오."

"닭엿과 꿩엿은 뭐예요? 정말 엿 속에 닭과 꿩이 들어가는 건가요?"

기옥의 물음에 엿장수는 귀찮다는 듯 퉁명스럽게 대답했다.

"그럼 닭이 들어갔으니 닭엿이고 꿩이 들어갔으니 꿩엿이라 하지, 그것도 안 들어갔는데 그렇게 부르겠소?"

이때 옆에서 듣고 있던 춘향이 더는 못 참겠다는 듯 물었다.

"아저씨, 그거 어떻게 만드나요?"

"차조를 곤 물에 닭고기나 꿩고기를 넣어 짙은 갈색이 될 때까지 푹 조려서 만든다오. 추운 겨울철 영양 보양식으로는 제일이지. 한번 드셔보시려오?"

"그럼요. 두 가닥만 주세요."

"알겠소. 잠시만 기다리시오."

그들이 이렇게 시간을 보내는 사이에 어느덧 나례 의식이 끝나가고 있었다. 그날 나례 의식은 폭죽놀이를 마지막으로 끝이 났다.

경운궁 궁녀 이야기

기옥과 춘향이 저녁을 먹고 이야기를 나누는데 문밖에서 기옥을 찾는 여인의 목소리가 들린다.

"기옥이, 게 안에 있는가?"

생과방에서 윗사람으로 있던 한상궁이었다.

"어서 듭시지요."

기옥은 문을 열고 한상궁을 맞이했다.

"무료하던 참에 오랜만에 자네 얼굴도 볼 겸 잠시 들렀네."

"네, 저도 한상궁 마마님을 뵙고 싶었습니다. 어서 앉으시지요."

세 사람은 방 안에 자리를 잡고 앉았다.

"자네들도 어제 있었던 나례식을 보았겠지."

"네, 마마님."

"내 오늘은 자네들에게 전에 있었던 이야기를 하나 들려주려 하네."

잠시 숨을 고른 한상궁이 말을 이었다.

"인목대비께서 경운궁(지금의 덕수궁)에 유폐되어 온갖 고초를 겪고 계실 때였지. 폐주(광해군)가 대비마마를 모시던 궁녀들의 수를 줄였고 관청을 설치해 지키게 했다네."

"고초가 심하셨겠네요."

"그런데 폐주 임술년(1622년, 광해군 14) 12월에 역적 백대연白大衍, 이위경李偉卿 등이 모의하기를 '만약 인목대비가 살아 있으면 끝내 우리들의 무덤은 없게 될 것이오'라고 했지 뭔가."

"그래서 어찌 되었답니까?"

기옥은 조바심이 나는지 다음 말을 재촉했다.

"무리를 모아 거짓으로 나례를 한다는 핑계를 대고 섣달그믐날 밤에 징과 북을 치고 시끄럽게 떠들면서 경운궁으로 들어갔지."

"대비마마께서 무서우셨겠네요."

이번에는 춘향이 말을 거들었다.

인목대비가 유폐되어 있었던 덕수궁 석어당

"그러셨겠지. 이날 초저녁에 대비께서 꿈을 꾸셨는데 부군 되시는 선조 임금께서 슬퍼하시면서 '방금 도적이 이르렀소. 만일 피하지 않는다면 죽을 것이오'라고 했지. 이때 대비마마께서 잠에서 깨어나서 눈물을 흘리시니 모시던 나인이 그 까닭을 물었지."

"그래서요?"

"대비께서 자초지종을 자세히 얘기하시니 그 나인이 '대비마마께서는 언제든 말씀만 하옵소서. 그리고 잠시만 피하시면 소첩이 대신하겠습니다' 하기에 대비께서는 그대로 따랐다네. 그때 도적들이 들어와서 평상에 누워 자는 시늉을 하던 나인을 칼로 찔러 죽였지. 그때 날이 어두워서 죽은 사람이 대비마마인지는 확인하지 못했다네."

"정말 불행 중 다행입니다. 나인이 대단한 충신이네요."

"그렇다마다. 그때 박승종朴承宗 대감께서 급박한 소식을 들으시고 경운궁으로 들어가 도적들을 내쫓으셨다네. 도적 백대연 등은 후원 여러 곳을 수색했지만 끝내 대비마마를 찾지는 못했지. 그리고 이듬해 3월 19일에 금상 전하(인조)께서 반정을 단행하신 거지."

"대비마마께서는 정말 죽을 고비를 여러 번 넘기셨군요."

"그래. 그런데 반정 후 폐주가 한 말이 무엇인지 아는가?"

"글쎄요."

한상궁의 물음에 기옥이 고개를 갸웃대며 모르겠다는 표정을 지었다.

"대비마마께서 잘 계신지 안부를 물었는데, 걱정이 되어서라기보다는 그 사건 때 죽었는지 궁금해서 물은 것이지."

"그런데 죽은 나인은 어찌 되었나요?"

"경황이 없던 때라 대비마마께서 우선 후원에다 몰래 가매장을 했지. 나중에 금상 전하께서 반정을 하신 후에 궁 밖에 예장을 했다네."

"정말 그 나인에 그 상전입니다."

"그래. 대비마마께서는 경운궁에 계실 때 폐주의 나인 김개시, 갑이, 은덕 등에게 고초를 당하셨지. 하지만 더 힘드셨던 것은 자신을 받들던 나인 난이 등이 배신하고 대비마마를 괴롭힌 것이야."

"그들은 어찌 되었습니까?"

"반정 후에 대비마마께서는 자신을 배신하고 괴롭혔던 난이와 중환이, 천복이, 경춘이 등의 이름을 금상 전하께 넘기셨지. 그들은 모두 죽음을 당하거나 귀양을 갔네."

"그러게 자업자득이라잖아요."

"자네들은 부디 난이 같은 배은망덕한 자가 되지 말고 대비마마 대신 죽은 나인 같은 충신이 되시게."

"알겠습니다, 마마님."

아쉽고 짧았던 재회

기옥이 재입궁해 중궁전의 궁녀로 일한 지 3년 째 되는 해 (1635년, 인조 13) 인열왕후 한씨에게 태기가 있었다. 당연히 출산에 앞서 유모를 선정해야 했다. 중전 인열왕후는 자신이 대전의 색장으로 추천한 기옥을 불렀다.

"자네, 장차 태어날 우리 아기씨의 유모로 일할 사람을 좀 알아보게."

"그렇지 않아도 적당한 사람이 있어 말씀드리려던 참입니다."

"그래? 무엇하는 사람인가?"

왕비가 반색하며 되물었다.

"대비마마께서 승하하시기 전에 세수간의 수모로 있던 비자婢子(관비)이옵니다.

"지금은 무엇을 하고 있는가?"

"대비마마께서 승하하신 후 소녀와 함께 출궁했습니다. 이후 아들이 둘 딸린 남정네와 혼인을 했습니다. 얼마 전에는 아이를 낳았다고 합니다. 유모로서는 적임자라 생각되어 추천하옵니다."

"그럼 속히 기별을 넣어 입궁시키도록 하게."

이렇게 해서 서향은 대군의 유모라는 높은 신분으로 다시 입궁하게 되었다.

"형님, 오랜만에 뵈어요."

"어서 오시게. 그동안 고초가 심했지."

"고초라뇨. 이렇게 다시 불러줘서 고마워요."

"우리 사이에 고맙고 말고가 어디 있겠나. 이전 같이 잘 지내보세."

하지만 왕비 한씨가 낳은 대군은 무슨 일인지 태어난 날 세상을 떠났고 이 일로 충격을 받은 왕비 또한 출산한 지 나흘 만에 숨을 거두고 만다. 이제 할 일이 없어진 서향은 다시 집으로 돌아가야 했다.

어둠이 내려앉은 궁궐 방 안에 기옥과 서향 두 사람이 마주 보고 앉았다.

"형님, 이제 내일이면 우리 헤어져야 하는 거예요?"

"그래야겠지."

아쉬움이 밴 서향의 물음에 기옥이 체념한 듯 담담히 대답했다.

"형님, 다시 만난 지 겨우 1년인데 또다시 생이별이라니……. 어찌 우리 팔자가 이리도 박복하단 말씀이우?"

서향이 울먹이며 말했다.

"그만 눈물을 거두시게. 회자정리라 하지 않았던가. 만남이 있으면 언젠가는 헤어질 때가 오는 법이지. 우리 인연이 여기까지인 걸 어찌 하겠는가?"

말을 마친 기옥이 주머니 하나를 서향 앞에 내밀었다.

"어서 받으시게."

"이게 무엇입니까?"

"내가 간직하던 장신구일세."

서향이 받은 주머니를 다시 기옥에게 건넸다.

"이러지 마세요, 형님. 자꾸 이러시면 제 처지가 더 초라해집니다. 그동안 형님께 신세진 것을 평생 갚아도 다 못 갚을 텐데……. 이걸 받으면 사람이 아니지요."

기옥이 고개를 가로저으며 대답했다.

"이 사람, 그런 소리 말게. 자네는 내 친동생이나 다름없으니 천금인들 아깝겠나. 나는 궁 안에서 먹고 자니 돈 쓸 데가 별로 없지만, 자네는 딸린 식솔이 여럿이니 돈 들어갈 일이 한두 군데가 아닐 게야. 이게 내 마지막 도움이 될지도 모르니 내 정성을 봐서라도 부디 받아주시게."

"고마워요, 형님."

이번에는 서향이 자신의 손에 차고 있던 은가락지를 빼서 기옥에게 건넸다.

"받으세요, 형님. 이건 제 어머니가 입궁할 때 주신 것으로 큰돈이야 안 되겠지만 제가 늘 목숨처럼 아끼던 물건입니다."

"이 사람, 이 귀한 걸 왜 내게 주시는가? 그건 자네 어머님께서 자네에게 주신 것이니 받을 수 없네."

"난 그동안 늘 형님께 받기만 했으니 이거라도 드려야 제 마음이 좀 가벼워질 것 같아요. 거절하지 말아주세요."

"참……. 자네가 그리 간곡히 청하니 정표로 생각하고 고이 간직하겠네."

서향이 기옥의 손을 잡으며 말했다.

"고마워요, 형님. 부디 아프지 말고 건강해야 해요."

"자네도 건강하고 재물도 많이 얻어 행복하게 잘 사시게."

두 사람이 궁궐에서 보내는 마지막 밤이 소리 없이 가고 있었다. 이때까지만 해도 그녀들은 평소 죽음까지 함께하자던 두 사람의 맹세가 현실로 다가오고 있음을 꿈에도 생각지 못하고 있었다.

궁녀 저주 사건의 진실

이듬해인 인조 14년(1636) 12월 병자호란이 일어나 인조가 남한산성에서 항복하자 수많은 조선인 포로가 청나라 심양으로 끌려갔다. 전쟁의 여파는 기옥과 서향에게도 닥쳤다. 기옥은 형제자매 3명이 포로로 잡혀갔고 서향의 큰아들 천인天仁도 전쟁 와중에 청나라 병사들에게 심양으로 끌려갔다. 천인은 서향의 친아들이 아니라 남편의 전처가 낳은 자식이었다.

서향은 천인의 생사여부를 모르고 지내다가 인조 15년(1637)에 가서야 심양에 생존해 있다는 소식을 접할 수 있었다. 당시에는 포로를 찾아오려면 몸값으로 상당히 많은 액수의 속환금을 지불해야 했다. 하지만 조선의 가족들은 전 재산을 처분해서라도 포로를 데려오려 했다. 서향의 남편 역시 큰아들이 생존해 있다는 소식을 접하자마자 전 재산을 처분해 심양으로 떠났다. 이때가 인조 16년인 무인년(1638)이었다.

한양에 남겨진 서향은 낳은 지 얼마 안 된 젖먹이에 열 살이 조금 넘은 전처의 아들까지 책임져야 했다. 이때 서향의 어려운 생계를 도운 사람이 기옥이었다. 그때까지도 기옥은 대전의 색장을 맡고 있었다.

병자호란을 일으킨 청 태종 홍타이지의 초상. 그가 일으킨 전쟁은 조선 백성들을 고통 속으로 몰아넣었다.

서향의 딱한 사정을 누구보다 잘 아는 기옥은 궁궐에서의 일거리를 찾아 서향에게 주었다. 대전의 바느질거리를 소개해주는가 하면 궁중에서 구입하는 단목과 후추 등의 물건을 필요량 이상으로 사두었다가 서향에게 구입가로 팔았다. 서향은 이 물건을 받아 시중에 비싸게 팔아서 돈을 벌었다.

둘 사이의 거래가 빈번해지면서 만남과 서신 왕래가 잦아졌다. 기옥은 경제적으로 여유로워지자 비단옷을 해 입기도 하고 비단이불을 마련하기도 했다.

이 와중에 인조 17년(1639) 8월 임금을 저주하기 위해 대궐 안 여러 전각에 사람과 동물의 뼈를 묻어놓는 사건이 발생했다. 내시가 기록해놓은 별지에 의하면 저주물이 발견된 장소는 인조가 거처하는 시어소時御所에 열네 곳, 동궁에 열두 곳, 인경궁에 스물여섯 곳, 경덕궁에 네 곳이었다. 주모자로 기옥과 서향, 소아小娥, 춘향春香, 춘개春介, 옥생玉生 등이 의심을 받았다. 《인조실록》의 기록을 보자.

8월 23일 밤 칠성제를 지내기 위해 제물을 마련할 때 저는 입번 중이던 색장 정숙貞淑과 함께 주방에서 음식을 차리고 있었습니다. 신상궁과 이상궁이 함께 감독하고 있었는데, 신상궁이 말하기를 "여러 사람들 중에 정결하지 못한 자는 밖으로 나가야 된다"고 했습니다. 하지만 저는 정결하지 못한 것이 없었기 때문에 그대로 있었습니다. 신상궁이 또 "저 색장은 부르지 말아야 하는데 어째서 여기에 와 있느냐?"고 했지만, 드러내놓고 말하지 않았으므로 그대로 남아 제사를 지냈습니다. 이튿날 파지巴

묘인 흔개欣介가 말하기를 "신상궁이 우리를 부르지 말라고 한다"고 했습니다. 저는 흔개에게 "일찍이 상전上殿에 있었던 사람이기 때문에 부르지 않으려고 한 것인가? 듣기에 놀랍다" 하고는 이때부터 음식을 만들지 않았습니다. 그날 여러 궁인들이 흉악하고 더러운 물건을 파낼 때 혼자 부름을 받지 못했으므로 이상한 일이라고 생각하고 걱정이 되어 아침까지 잠을 이루지 못했습니다. 이러한 일 외에는 교류한 사실이 없는데, 어찌 사주한 흉인凶人이 있을 수 있겠습니까?

의심을 받던 궁녀와 남자들은 왕명에 따라 잡혀 들어와 국청에서 심문을 받았다. 그중에는 기옥의 아버지인 차귀현과 남동생 차중생車重生, 그리고 서향 남편의 전처소생 아들 천순天順도 있었다. 천순은 당시 12세였는데 미성년자라 하여 풀려났다.

기옥은 형문刑問 여섯 차례, 압슬壓膝 한 차례, 낙형烙刑 한 차례를 받았고 소아는 형문 여섯 차례, 압슬 한 차례를 받았다. 서향은 형문 일곱 차례, 압슬 한 차례를 받았으며 차귀현은 형문 여섯 차례를 받았지만 모두 자복하지 않고 죽었다.

궁녀인 춘향, 춘개와 기옥의 남동생 중생 등은 모두 귀양을 가고 옥생은 석방됨으로써 사건은 마무리되었다. 그러나 《인조실록》의 논평을 통해 기옥과 서향이 죄 없이 억울하게 죽었음을 추측해볼 수 있다.

이번에 일어난 저주 사건은 궁궐 안에서 발생한 일인 만큼 지극히 비밀스러운 일이다. 이 사건은 내척內戚 한두 명이 맹인 한충건韓忠建, 요망한 무당 앵무鸚鵡 등과 함께 선동해 흉물을 발굴했는데 사람들이 그 맥락을 헤아리지 못했다.

이 궁녀 저주 사건의 전말에 관해서는 《승정원일기》와 《추안급국안推案及鞫案》 등에 상세한 내용이 실려 있다. 외롭고 힘겨운 궁궐 생활을 함께 해나가면서 평생 동안 서로 의지했던 기옥과 서향은 결국 죽음까지도 같이 할 운명이었던 것이다.

연산군의
희생양이 된 여인,
상궁 조두대

 뼈를 부숴 가루로 날려진 궁녀의 비극

저는 세조, 예종, 성종, 연산군 4대에 걸쳐 궁녀로 일했던 조두대曹豆大라고 합니다. 이미 죽은 몸이 이승에서 살아온 지난 세월을 돌아보게 되니 꿈인 양 허망합니다.

저는 본래 세종대왕의 5남이신 광평대군 댁의 여종으로 있었습니다. 그러다가 광평대군께서 20세의 젊은 나이로 요절하시자 의지할 곳이 없어져, 대군마마의 형님이신 수양대군 댁에서 일하게 되었습니다. 그때가 세종 26년(1444)이었습니다. 평소 불교에 심취하셨던 수양대군께서는 제가 한자뿐 아니라 이두와 범어(인도어)에도 능함을 아시고 그 재주를 아껴

저를 댁으로 옮겨 살도록 배려하셨지요.

이후 수양대군께서 부왕이신 세종대왕의 명으로 부처님의 일대기를 기록한 《석보상절釋譜詳節》을 간행하실 때 그 작업에 참여하게 되었고, 수양대군께서 보위에 오르시어 입궐하시자 저도 입궁하여 전언典言(내명부에서 왕명을 출납하던 종7품 궁관)이 되었습니다.

계속해서 여러 불경 간행 사업에 참여하게 된 저는 세조 5년(1459)에는 《월인석보月印釋譜》를, 세조 7년(1461)에는 《능엄경언해楞嚴經諺解》를 간행하는 데 일조했답니다.

이후 세조께서 승하하시고 예종 임금 이후 성종께서 즉위하시자 대왕대비이신 정희왕후께서 수렴청정을 하셨습니다. 그때 저는 문서를 관장하는 서사상궁書寫尙宮으로 발탁되었지요.

성종 6년(1475) 임금의 모후이신 인수대비께서 여인들의 훈육을 위해 《내훈內訓》이라는 책을 지으시고는 외람되게도 저에게 책의 발문을 지으라고 하셨습니다. 미천한 궁녀의 신분으로 대비마마의 책 발문을 짓게 된

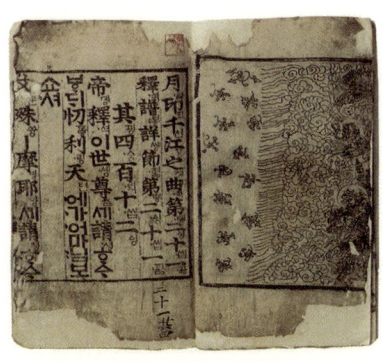

《월인석보》. 《월인석보》는 《월인천강지곡》과 《석보상절》을 합해 편찬했다.

것은 엄청난 광영이었습니다. 이후 저는 폐비가 되신 제헌왕후 마마를 도와 친잠례를 치르는 등 왕실을 위해 수고한 공을 인정받아 양인良人이 되는 성은을 입었습니다.

이어서 저는 인수대비전의 상궁으로 승진했고 사촌오라버니 조철주曹鐵柱는 겸사복兼司僕(정3품 아문衙門으로 왕의 신변을 보호하는 임무를 맡은 기병 중심의 친위병)이 되었으며 폐주(연산군)가 즉위한 후에는 조카딸 취양비醉楊妃까지 양인이 되었으니 그 기쁨이 얼마나 컸겠습니까? 다만 양아들로 들인 조카 복중福重만은 신하들의 반대로 끝내 양인이 되지 못해 아쉬움이 남습니다.

그런데 제가 세상을 떠난 후인 폐주 말년에 큰 불운이 닥쳐왔습니다. 그토록 저를 아끼던 폐주가 갑자기 돌변해, 제가 귀인 권씨 등과 함께 폐비 사건에 관여했다며 제 무덤을 파헤치고 관을 꺼내 시신을 절단하는 부관참시剖棺斬屍의 극형을 내린 것입니다.

폐주의 복수는 이것으로 끝이 아니었습니다. 피에 굶주린 폐주는 부관참시로도 모자라 제 집을 철거하여 연못을 만드는가 하면 제 동성육촌과 이성사촌들까지 잡아들여 국문했습니다. 게다가 제 뼈를 부순 가루를 강 건너로 날리게 했으니 어찌 사람의 탈을 쓰고 이처럼 잔인할 수가 있단 말입니까? 억울한 원한을 풀지 못한 저는 지금도 구천을 떠돌며 울고 있습니다.

불서의 간행에 참여하다

불교를 숭상하던 세조는 즉위 과정에서 상왕 단종과 김종서, 황보인, 사육신 등 많은 사람들을 죽인 것에 죄책감을 느꼈다. 그런데 마침 세조 3년(1457) 세자 도원군(훗날 덕종으로 추존)이 큰 병에 걸렸다. 이에 승려 21명이 경회루에서 공작재孔雀齋를 베풀어서 병의 치유를 빌었는데 의정부 당상관과 육조판서, 좌찬성 신숙주申叔舟, 도승지 한명회韓明澮 등도 참석해 쾌유를 기원했다. 그러나 이 같은 노력도 헛되이, 세조가 그토록 사랑했던 세자 도원군은 20세의 젊은 나이로 허망하게 세상을 떠나고 말았다. 세조의 절망은 말할 수 없을 정도로 깊었다.

세조는 부처님 앞에 죄를 뉘우치고 왕실 가족의 안녕을 빌기 위해 불경 간행 사업을 하기로 결심한다. 세조가 당시 전언을 맡고 있던 조두대를 불렀다.

"조상궁, 노고가 많네. 자네는 과인의 괴로운 심정을 누구보다 잘 알걸세. 나는 이 자리를 얻기 위해 너무도 많은 무고한 사람들을 죽였네. 그리고 지금 아들을 잃은 내 비통한 심

해인사에 있는 세조의 화상. 비단에 채색을 했다.

정은 이루 다 말로 할 수 없다네. 자네는 부왕께서 살아 계실 적에 과인을 도와 《석보상절》 간행 작업에 참여한 적이 있지. 이제 나는 부왕께서 친히 지으신 《월인천강지곡月印千江之曲》과 내가 편찬한 《석보상절》을 합해 한 권의 책으로 간행하려 하네. 자네는 한문은 물론 이두와 인도어에도 능하니 나를 도와서 성심껏 일해주게. 내 자네의 공은 결코 잊지 않을 걸세. 자네의 책임이 막중하이."

"네, 전하. 성심을 다하겠사옵니다."

"고맙네, 참으로 고마우이."

이후 불경 편찬 작업은 일사천리로 진행되었다. 불교에 정통한 당대 최고의 승려들과 유학자, 그리고 조두대를 비롯해 궁체에 능한 여러 궁녀들이 작업에 매달렸다.

조두대가 왕명을 출납하는 전언 자리를 맡게 된 이유는 세조가 누구보다 자신의 깊은 의중을 잘 헤아리는 사람이 그녀라고 생각했기 때문이다. 세조 5년 왕이 그토록 고대하던 《월인석보》가 간행되었다.

"그동안 수고가 많았네. 이참에 간경도감刊經都監을 설치하여 본격적으로 불서 간행 사업을 추진하려 하니 앞으로 많이 힘써주게."

"분부 명심하겠나이다."

간경도감의 핵심 멤버는 당대의 고승이었던 신미대사, 수미대사, 홍준대사 등과 대신 윤사로尹師路, 황수신黃守身, 김수온金守溫, 한계희韓繼禧 등이었다. 이들 중 김수온은 신미대사의 동생으로 유학자이면서도 숭불할 것을 주장하는 사람이었다. 세조 7년에는 오랜 세월 공을 들였던 《능엄경언해》가 간행되었다. 세조는 불경 간행에 참여한 신하들을 사정전으로 불러 보고를 듣고는 그동안의 노고를 치하했다.

"전하, 이번에 간행된 《능엄경언해》이옵니다."

"오, 그래. 어디 한번 봅시다."

간경도감 도제조 윤사로가 책을 올렸다.

"전하, 불경 언해 작업에 수고한 조상궁이 언해 부분을 읽어 올리도록 윤허해주소서."

"그렇게 하시오."

"성은이 망극하옵니다."

"조상궁은 앞으로 나와 언해 부분을 진독進讀하도록 하라."

언해란 한문을 한글로 번역한 것을 말한다. 언해본을 다 읽기까지는 꽤 오랜 시간이 걸렸지만 조두대는 낭랑한 목소리로 책을 읽어나갔다.

"조상궁, 그동안 언해 작업을 하느라 정말 고생이 많았네. 조상궁이 없었다면 이번 불서 간행은 불가능했을 것이야."

"소신, 몸 둘 바를 모르겠사옵니다. 과찬의 말씀 거두어주시옵소서."

"아닐세. 너무 어려워 말게나. 내 경들을 치하하기 위해 큰 상을 내릴 것이야."

"성은이 망극하옵니다."

바야흐로 상궁 조두대의 전성시대가 열리고 있었다.

뜻하지 않은 시련과 세조의 은전

하루 일과를 마친 조두대가 방 안에서 휴식을 취하고 있는 늦은 저녁, 문밖으로부터 중년 사내의 급한 음성이 들려온다.

"전언 조씨는 급히 나와 오라를 받으라!"

'아니, 이것은 금부도사의 목소리가 아닌가? 대체 무슨 일로 금부도사가?'

불길한 예감이 뇌리를 스친다. 조두대가 방문을 열고 내다보니 금부도사와 창을 든 의금부 나졸들이 도열해 있었다.
"대체 무슨 일이오?"
"가보면 알게 될 것이오!"
조두대의 물음에 금부도사가 차갑게 대답했다.
오랏줄에 묶여 의금부에 도착한 그녀는 곧 조사를 받아야 했다. 이미 같은 죄목으로 환관 엄경지嚴敬之와 이득수李得守가 잡혀와 있었다. 그들은 심문관인 금부당상 앞에 무릎이 꿇려졌고 당상은 의자에 위엄 있게 앉아 죄인들을 심문하기 시작했다.
"죄인들은 들으라! 어찌하여 너희들은 자문咨文(외교 문서)에 어보御寶(임금의 도장)를 찍은 후 즉시 반납하지 않고 가지고 있었느냐? 전하께서 이 일로 매우 진노하시어 엄히 문초하도록 명하셨느니라!"
"영감, 죽을죄를 지었사옵니다. 즉시 반납해야 마땅하오나 소인이 갑자기 몸이 아픈 바람에 늦어졌습니다. 제발 한 번만 너그러이 용서해주십시오!"
내관 엄경지가 간곡하게 말하며 금부당상에게 용서를 빌었다.
"아무리 몸이 아프기로서니 왕명을 출납하는 내관이 전하의 어보를 방치하고도 죄가 가벼울 줄 알았더냐? 금부도사는 즉시 이들을 하옥하도록 하라!"

"예, 영감!"

명이 떨어지기가 무섭게 금부도사가 나졸들을 데리고 그들을 옥으로 끌고 갔다.

이들을 심문하도록 왕명이 내려진 날은 세조 12년(1466) 9월 17일이었다. 그로부터 약 1년 후인 이듬해 7월 21일 조두대는 또다시 승전 내관 안중경安仲敬, 이득수와 함께 옥에 갇히는 불운을 겪는다. 이들은 전언과 상전尙傳 등 모두 왕명을 출납하는 자리에 있던 사람들이었다.

그러나 불운은 오래가지 않았다. 그해 10월 21일 공사公事를 출납하는 데 공이 있다고 하여 양인이 되는 것을 허락한다는 왕명이 내려진 것이다.

"전하, 성은이 망극, 망극하옵니다!"

왕명을 전해들은 조두대는 왕이 머무는 근정전 쪽을 향해 네 번의 절을 올렸다. 그날 저녁 조두대와 평소 친하게 지내는 여러 상궁과 나인들이 축하 인사를 하러 그녀의 방을 찾았다.

"형님, 양인이 되신 걸 경하드려요. 이제 천인의 신세를 면하게 되었으니 얼마나 좋으시겠어요?"

바느질거리를 담당하는 수방繡房의 전식典飾(내명부 정8품의 관직)이며 방친구인 운향雲香이 조두대에게 축하의 말을 건넸다.

"그래, 고맙네. 자네에게도 곧 좋은 소식이 있을 것이야. 희망을 버리지 말고 묵묵히 일하시게."

"예, 형님. 저도 앞으로 열심히 일해서 형님보다 더 인정받을 거예요."

"그래야 하구말구. 나보단 나아야지."

수렴청정과 더불어 서사상궁이 되고

예종이 1년 2개월 만에 승하하고 성종이 즉위하여 정희왕후가 수렴청정을 하게 되자 조두대는 서사상궁이 된다. 서사상궁이란 궁중에서 교서敎書, 언간(한글 편지) 쓰기, 궁중발기宮中件記 작성, 소설 베끼기 등에 종사하던 지밀 소속의 상궁을 말한다.

세조의 왕비인 대왕대비 정희왕후가 수렴첨정을 하게 되자 대비의 명령서인 언문 교서, 언문 교지 등 많은 한글 공문서를 써야 했다. 이 때문에 아름답고 읽기 쉬우며 독창성 있는 한글 서체의 필요성이 제기되었는데, 이 과정에서 탄생한 서체가 궁체였다. 조두대는 이 궁체의 효시이자 달인이었다.

어느 날 대왕대비 정희왕후가 새로 서사상궁이 된 조두대를 방으로 불렀다.

"조상궁, 내가 의정부에 전할 말을 자네가 받아 적도록 하게."

"예, 대비마마."

조두대는 대왕대비의 명령서인 의지(懿旨)를 아름다운 글씨로 써내려갔다.

나라의 정무를 총괄하여 처리하도록 했으므로 내가 마지못해 신하들의 의견을 들어 결정하지만 어찌 아녀자가 바깥의 일을 다 알 수 있겠는가? 나는 임금의 명이 불편해지는 것과 신하들이 내 명을 어기는 것을 어렵게 여겨 다시 논의하지 않는 것을 염려하고 있다. 그러니 이후부터는 일이 불편한 것이 있으면 마땅히 곰곰이 생각하여 다시 아뢰도록 하라.

조선시대 궁중에 사용되었던 궁체. 이후에 소설 필사를 위해 빨리 쓰는 과정에서 흘림체가 나타나기도 했다.

글쓰기를 마친 조두대가 의지를 대왕대비에게 올렸다.
"자네의 글씨는 언제 봐도 힘이 느껴지는군!"
"과찬이시옵니다, 마마."
"서둘러 이 의지를 의정부에 전하도록 하게."
"예, 대비마마."
다음 날부터 조두대는 애기

나인들을 불러놓고 궁체 쓰는 법을 가르치기 시작했다.

"글씨란 하루 이틀 연습한다고 해서 되는 것이 아니다. 나도 오늘이 있기까지 어린 나이부터 피나는 노력을 했느니라. 그러니 너희들도 게으름 피우지 말고 성심을 다해야 할 것이야. 알아들었느냐?"

"예, 마마님. 명심하겠사옵니다."

"언문(한글)에는 초성과 중성, 종성이 있느니라. 이 세 가지가 결합하여 글자가 된다. 초성이 모두 열아홉 글자, 중성이 스물한 글자, 종성이 스물여덟 글자니라. 먼저 초성부터 익히도록 하자꾸나."

조두대가 먼저 백지에 붓으로 기역을 쓴다.

"이것은 기역이라고 한다. 다들 따라 해보아라. 기역."

"기역."

애기나인들이 큰 소리로 따라 한다. 조두대가 연이어 붓을 움직인다.

"자, 이번 글자는 니은이라고 한다. 따라 해보아라. 니은."

"니은."

"잘들 했다. 이번에는 글쓰기 연습을 하도록 하겠다. 지금까지 익힌 글씨를 각각 스무 자씩 쓰도록 하여라."

애기나인들이 서투른 손놀림으로 궁체 글씨를 써나가자 조두대가 그들의 붓 잡는 모양을 바로잡아준다.

"조금 있다가 와서 확인할 터이니 요령 피우지 말고 열심히 쓰도록 하여라. 내가 없는 동안 이상궁이 너희들을 가르칠 것이야."

몇 시간 후 다시 돌아온 조두대는 애기나인들이 연습한 글씨를 검사했다.

"다들 쓴 글씨들을 내게 보이도록 해라."

이상궁이 애기나인들의 연습지들을 모아 조두대에게 올렸다.

"이 글씨는 연희가 썼구나. 아주 잘 썼다. 춘분이와 은덕이 글씨도 매우 좋구나."

조두대가 또 다른 연습지를 집어 든다.

"이것은 말례가 쓴 것이로구나. 그런데 글씨가 왜 이리 성의가 없느냐? 말례는 오늘 점심을 굶고 저녁때까지 글씨 연습을 하도록 해라. 내 다시 와서 확인해보고 저녁을 줄지 말지를 결정할 것이야. 알아듣겠느냐?"

"네, 마마님."

"어허! 목소리가 그것밖에 안 되느냐? 큰 소리로 대답해라!"

"네, 마마님!"

말례가 목청을 높여 대답했다.

세월은 흘러 성종이 즉위한 지도 어느덧 6년째로 접어들고 있었다. 이번에는 평소 친밀한 사이였던 성종의 어머니 인수대비가 자신이 쓴 책《내훈》의 발문을 조두대에게 부탁했다.

"조상궁, 자네보다 나를 잘 아는 이가 없으니 내 책의 발문을 써주게."

"미천한 쇤네가 어찌 감히 영예로운 발문의 찬자가 되겠습니까? 천부당만부당하옵니다."

"이 사람, 지나친 겸양도 예가 아닐세. 자네가 맡아줘야 내 마음이 편할 것 같아 부탁하는 것이야."

"정 그러시면 부족하지만 제가 한번 지어보도록 하겠습니다."

"이 사람, 고맙네."

"아니옵니다! 오히려 쇤네가 감사드려야지요. 쇤네가 분에 넘치는 광영을 입었습니다."

며칠 후 조두대가 인수대비에게 발문을 올렸다.

"정말 수고했네. 어디 한번 보세나."

"예, 대비마마."

부녀자들의 무지함을 염려하신 대비께서《열녀전列女傳》,《여교女教》,《명감明鑑》,《소학》

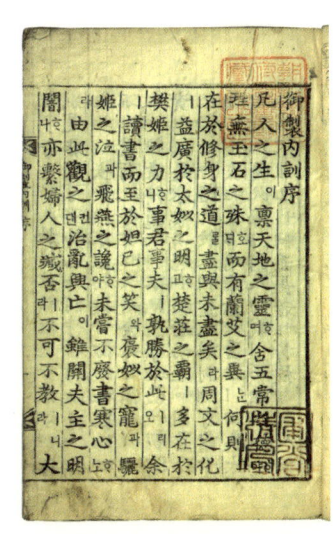

인수대비가 지은 《내훈》의 서문. 목록과 발문을 제외한 모든 한문에 구결을 달고 번역했다.

등에 여인들이 꼭 알아야 할 것들이 흩어져 있음을 안타깝게 생각하시고 슬기롭게 한 권의 책으로 묶어 펴내셨으니 이것이 《내훈》이라는 책이다. 비록 아둔하고 어리석은 사람이라도 쉽게 배우고 익힐 수 있도록 우리말로 옮겨놓으셨다.

   성화成化 을미년 10월 15일에 상의尙儀 조씨는 공경히 발문을 짓는다.

"자네의 글은 언제 봐도 유려하군. 내 마음을 어찌 이리도 잘 보누?"
"황공하옵니다, 마마."
며칠 후 이번에는 수렴청정을 하고 있던 대왕대비 윤씨(정희왕후)가 조두대를 불렀다.
"조상궁, 이제부터 내 말을 잘 받아 적도록 하게."
"예, 대왕대비마마."

   나라의 모든 정무는 오직 한 사람에게서 나와 처리되어야 한다. 간혹 모후가 정무에 참여하는 일이 있지만 이것은 한때의 임시방편일 뿐이다. 성인의 지혜는 하늘이 내리는 것이지만 주상께서 즉위하신 초기에는 나이가 아직 어리셨다. 이 때문에 과부에게 견문이 없지 않다고 하면서 조정 대신들이 고사에 의거해 내게 국정에 참여하기를 청했고, 모든 시책과 조치를 물은 후에 시행하였다. 비록 내가 덕이 없어 이것을 감당할 수 없지만 어찌 나라의 일에 관심이 없겠는가? 이에 마지못해 힘껏 따랐지만 다스리는 데 도움이 되지 못하고 나라의 체통에 어긋남만 있었다. 그리하여 품고裏告와 문서를 받을 때마다 마음속에 부끄러움을 품고, 사양하여 여생을 편안히 지내려고 생각한 지가 오래되었다. 지금은 주상의 나이가 장성하고 학문도 성취되어 모든 일을 재결하는 것이 규정과 법도에 합당하니 나처럼 늙은 부인이 쓸데없이 간섭할 바가 아니다. 지금부터 모든 정무는 내가 참여하거나 아는 바가 없게 할 것이다. 모든 백성들이 주상의 정치를 모두 우러러보고 나는 다만 한가롭게 여생을 보전하여 영원한 평안을 이루려 하노라. 의정부에서는 이 뜻을 잘 받들어 중앙과 지방에 전하도록 하라.

"대왕대비마마, 전하께서 아직 보령寶齡이 유충幼沖하신데 어찌 벌써 수렴청정을 거두려 하시옵니까?"

"어허, 보령이 유충하다니! 주상의 나이가 올해로 스물이니 마땅히 모든 일을 스스로 재결할 때이거늘 어찌 자네가 내 뜻을 거스르려 하는가?"

"황, 황공하옵니다, 대왕대비마마."

"어서 이 교지를 승정원에 전하도록 하게."

"예, 대왕대비마마."

친잠례 하는 날 풍경

해가 바뀌어 성종 8년(1477) 3월 14일 아침이 밝았다. 왕비가 길쌈을 장려하는 친잠례 날이 온 것이다. 친잠례는 왕비가 내외명부 여인들을 거느리고 몸소 누에치기를 나서 옷감 생산을 장려하는 행사이다. 이날 친잠례에서 조두대는 의식을 진행하는 집례執禮를 맡았다. 행사를 주관하는 왕비는 훗날 갑자사화의 피바람을 몰고 오는 제헌왕후였다.

친잠례는 크게 네 가지로 나누어진다. 누에의 신이며 황제黃帝의 비인 서릉씨西陵氏의 신위에 제사를 올리는 작헌선잠의酌獻先蠶儀, 왕비가 내외명부를 거느리고 뽕잎을 따는 채상의採桑儀, 친잠례 때 수고한 잠모에게 상을 내리는 반상의頒賞儀, 수확한 꼬치를 왕과 왕비에게 올리는 수견의收繭儀. 구체적으로 살펴보면 다음과 같다.

투기심 때문에 폐비가 되어 연산군의 복수를 불러온 제헌왕후의 태항아리

작헌선잠의

작헌선잠의는 의식을 관장하는 상의尙儀가 대차(장막) 앞으로 나아가 "중엄中嚴"을 청하면서 시작된다. 엄嚴이란 북을 쳐서 의식의 시작을 알리는 것을 말한다. 첫

번째로 치는 북을 초엄이라 하고 두 번째로 치는 북을 이엄, 또는 중엄이라 하며 세 번째로 치는 북을 삼엄이라 한다. 이를 신호로 집사들이 들어와 절하는 자리인 배위拜位로 나아간다. 집례의 "사배四拜" 구령에 맞춰 모든 집사들이 네 번 절을 올린다. 사람들을 인도하는 찬인贊人은 장막 안 손 씻는 대야가 놓인 관세위로 모든 집사들을 데리고 간다. 이곳에서 집사들이 손을 씻고 각자 위치로 간다.

사회자인 집례가 상의에게 행사의 시작을 아뢰도록 하면 상의는 대차 앞으로 나아가 시작을 아뢴다. 그러면 예복을 갖추고 머리 장식을 얹은 왕비가 손을 닦고 나온다. 왕비는 상의의 인도를 받아 동문 밖에 이른 후 의식용 홀인 규圭를 잡는다. 절을 올리는 자리에 이른 왕비는 서쪽을 향해 서서 집례의 '사배' 선창과 상의의 "국궁사배흥평신鞠躬四拜興平身(무릎을 꿇고 네 번 절하고 일어나 섬)" 구령에 따라 네 번 절을 올린다. 세자빈 이하 절하는 위치에 있는 이들도 모두 절을 올린다.

왕비는 동쪽 계단으로 제단에 올라 북쪽을 향해 선다. 집례가 무릎을 꿇으라고 청하면 꿇어앉는다. 규를 꽂으라고 청하면 규를 꽂고 세 번 향을 올린다. 이후 잔을 올리면 대축大祝(축문을 낭독하는 상궁)이 축문을 읽는다.

읽기를 마치면 상의가 "부복흥평신俯伏興平身(부복했다가 일어나 몸을 바로 세움)"을 청하고, 왕비는 부복했다가 일어나 몸을 바로 세운다. 빈 이하 모두가 함께 한다. 상의의 인도로 왕비가 제단을 내려와 제자리로 돌아온 후 사배를 하면 행사가 끝난다. 작헌선잠의 이후 왕비는 동문 밖으로 돌아 나와 대차로 돌아온다. 다음에는 채상의가 이어진다.

채상의

뽕잎을 딸 시간이 되면 상의가 악차(장막) 앞으로 나아가 엎드려 꿇어앉아 중엄을 청한다. 빈 이하 뽕잎을 따는 내외명부는 모두 옷을 갈아입는다.

의식을 돕는 궁녀인 전빈典賓(정7품의 궁관)이 뽕잎을 따는 빈과 내외명부를 인도하여 모두 단 아래의 자리로 가게 한다. 갈고리와 광주리를 잡은 모든 이들은 각자의 위치로 나아간다.

상의가 엎드려 꿇어앉아 예를 행할 것을 청하면 왕비는 작업복인 상복常服으로 갈아입고 나간다. 상복은 국의鞠衣라고도 하는데, 뽕잎이 돋아날 때의 색깔인 황색이 물든 친잠례 전용 작업복이다. 왕비는 채상단 남쪽 계단으로 올라 뽕잎을 따는 위치에 가서 동쪽을 향해 선다. 이어서 친잠례용 음악인 역성장繹成章이 연주된다.

> 누에를 치는 이로움은 백성들에게 옷을 입혀주는 것이니
> 여자들의 일을 인도하고 먼저 솔선수범한다네.

부드러운 저 뽕잎을 따서 어여쁜 광주리에 담아놓고
수고로움을 꺼리지 않아 사방 백성을 가르친다네.
維蠶之利 衣被生民
道我女紅 必躬必親
菀彼桑柔 承我懿筐
靡敢憚勤 以訓四方

　왕비는 물건 제작을 맡은 궁녀인 상공尙功으로부터 갈고리를 받아 뽕가지에 걸어 잡아당겨 뽕잎을 딴 후, 옷을 만드는 궁녀인 전제典製가 들고 있는 광주리에 담는다. 다섯 가지의 뽕잎을 따고 갈고리를 상공에게 준 후 광주리를 받든 전제와 함께 내려가 단 아래로 돌아간다. 왕비는 단의 남쪽 자리로 가서 빈 이하 내외명부가 뽕잎을 따는 것을 구경한다. 왕비가 관잠소觀蠶所(내외명부가 뽕잎 따는 것을 지켜보는 곳)로 돌아갈 때는 여민락을 연주했다.

위의威儀가 모두 법도에 맞고 삼가는 것을 잊지 않으셨다네
수많은 궁녀들 일하느라 한가할 겨를이 없네.
오르고 내림이 때에 맞으니 예가 이루어짐을 고했도다
하늘의 크나큰 복을 받아 우리에게 은혜를 베푸시리라.
威儀卒度 淑愼不忘

曰嬪曰嬙　承事靡遑
陟降孔時　禮云告成
受天之祜　惠我函生

반상의

잠실에서 누에를 치는 잠모 8명이 단 아래로 내려가 왕비에게 큰 절을 올리면 왕비는 각각 면포 한 필씩을 내려 노고를 치하한다. 이를 마치면 잠모들은 다시 절을 한다.

상의가 왕비 앞으로 나아가 엎드려 꿇어앉아 예가 끝났음을 아뢰면, 왕비는 작은 천막인 소차로 들어가 예복으로 갈아입고 머리 장식을 얹고 나와 단 위에 오른다. 전빈이 내외명부를 인도하여 예복으로 갈아입히고 배위로 나아간다. 전찬典贊(정8품의 궁관)이 큰 소리로 "국궁사배흥평신"을 외치면 빈 이하가 네 번 절을 올린다.

빈 이하가 단에 올라가 앉고 잠모 8명 등이 단 아래에 줄지어 앉으면 왕비는 음식을 전달하는 8명의 사찬인賜饌人을 통해 다식을 내린다. 음식을 먹은 잠모가 물러가 서면 상의가 꿇어앉아 예가 끝났음을 아뢰고 왕비는 단 위에서 내려온다. 왕비가 상궁의 인도를 받아 악차로 들어가면 전빈은 세자빈 이하를 인도하여 각기 막차로 돌아간다.

수견의

수견의를 할 시간이 되면 상의가 꿇어앉아 "중엄"을 청하고, 조금 후에 외판(왕이 거둥할 때 의장이나 호종扈從 등을 정돈하던 일)을 아뢴다. 이를 신호로 상궁의 인도 하에 왕이 익선관과 곤룡포 차림으로 자리에 오른다. 뒤이어 왕비도 예복 차림으로 자리에 오른다.

향로에 향을 피우고 산선繖扇(양산과 부채를 든 나인)과 시위侍衛(왕이나 왕비를 수행하는 사람)를 배치한다. 사찬司饌(종6품의 궁관)이 "사배"라고 선창하고 전찬이 이를 받아 "국궁사배흥평신"을 후창하면 빈 이하 내외명부는 무릎을 꿇고 네 번 절하고 일어나 선다. 상공이 상자를 받들어 왕의 자리 앞으로 나아가 왕에게 보인 후 왕비에게 올린다. 왕비가 서서 받은 후에 상의에게 주면, 꿇어앉아 받은 후 다시 상복에게 준다.

이어 사찬이 "사배"라고 선창하고 전찬이 이를 받아 "국궁사배흥평신"을 후창하면 빈 이하 내외명부는 무릎을 꿇고 네 번 절하고 일어나 선다. 상의가 어좌 앞으로 나아가 엎드려 꿇어앉아 예가 끝났음을 아뢴다. 왕과 왕비는 자리에서 내려와 궁궐로 돌아간다. 이날 밤 왕비 윤씨는 친잠례로 수고한 내외명부를 위해 연회를 베풀었다.

제헌왕후 폐비 사건

성종은 학문을 좋아하고 정치를 잘했지만 여자와 연회를 좋아하는 단점이 있었다. 그래서 윤기견尹起畎의 딸을 숙의로 맞아들이는가 하면 권숙의, 엄숙의, 정소용 등을 사랑해서 궁궐 안 여인들 간의 치정 싸움에 불을 붙이기도 했다. 숙의로 있다가 왕비로 승격된 중전 윤씨는 원자를 낳았기 때문에 궁 안에서의 지위와 권세가 가장 높았고 성종의 큰 사랑을 받고 있었다.

성종 8년 3월의 어느 날, 언문으로 쓴 편지 한 장이 권숙의의 집으로 전해졌다. 보낸 사람의 이름은 쓰여 있지 않았고 다만 "감찰가소송監察家所送(감찰 집에서 보냄)"이라고만 쓰여 있을 뿐이었다. 내용을 보니 정소용과 엄숙의가 함께 중전 윤씨와 원자의 살해를 모의한다는 것이었다.

만약 이 편지를 숨겨두었다가 발각이라도 되는 날이면 큰 벌을 받게 될 것이고, 고변을 하면 정소용과 엄숙의가 화를 당할 수 있는 일이었다. 하지만 언제까지 그대로 있기도 곤란했다. 권숙의는 이 편지를 승정원으로 보냈고 결국 성종에게 보고되었다. 당시는 대왕대비 윤씨가 수렴청정을 하던 때였기 때문에 성종은 다시 대왕대비에게 사건의 전모를 고했다.

대왕대비 윤씨는 조두대에게 자신의 명령서를 받아 적게 하고 승정원에 전해 중신들의 의견을 물었다. 여러 대신들의 의견을 들어본 결과 "정소용이 한 짓으로 추정되지만, 지금은 임신 중이기 때문에 아이를 낳은 후에 국문하는 것이 좋을 것"이라 하여 그때까지 기다리기로 했다.

한편 성종은 틈만 나면 사랑하는 왕비 윤씨의 방을 찾았다. 그런데 어느 날 성종이 중궁전에 앉아 있으려니 종이로 틀어막은 쥐구멍 하나가 보였다. 일이 묘하게 돌아가려는지 쥐 한 마리가 구멍에서 튀어나오는 바람에 종이가 빠져 나왔다. 중전의 침소를 둘러보니 작은 상자 하나가 눈에 들어왔다. 성종의 눈을 의식한 윤씨는 깜짝 놀라며 재빨리 상자를 숨겼다.

"중전, 그것이 무엇이오?"

"아, 아무것도 아니옵니다. 괘념치 마시옵소서."

"어디 한번 봅시다."

"아무것도 아니옵니다, 전하."

"이리 줘보시래도요."

성종이 윤씨로부터 상자를 빼앗아 열어보니 작은 주머니에 비상이 담겨 있고 굿 하는 방법을 적은 책이 약간 잘려 나간 채 있었다. 쥐구멍에 있는 종이를 가져다가 맞춰보니 부절(符節)처럼 맞아 떨어졌다. 종이는 책이 잘려 나간 부분이었던 것이다.

"이것들이 어디서 난 것이오?"

성종의 물음에 당황한 윤씨가 황급히 둘러댔다.

"일전에 친잠하러 나갔을 때 삼월이라는 여종이 갖다준 것이옵니다.

일이 심상치 않다고 여긴 성종은 삼월을 불러다가 추궁했다.

"이것이 어디서 난 것이며 어찌하여 중전에게 주었느냐?"

"전하, 소녀는 그 일에 대해 아는 바가 없사옵니다. 통촉하여 주시옵소서."

삼월이 완강하게 부인하자 성종은 그녀를 중전 윤씨와 대질시켰다. 처지가 곤란해진 윤씨는 삼월에게 죄를 뒤집어 씌웠다.

"이것은 일전에 네가 나에게 건네준 것이 아니냐? 네게 받은 것이 분명한데 왜 모른다고 하느냐?"

분노한 성종은 의금부에 형장刑杖을 갖추라고 지시했고 삼월을 고문했다. 삼월은 매를 견디지 못하고 왕비가 친잠하러 나왔을 때 준 것이라고 자백했다.

"네가 가져다준 것이 사실이라면 비상과 굿하는 서적은 무엇에 쓰라고 주었느냐?"

성종의 질문에 삼월은 자신이 가져다준 것은 사실이지만 내용에 대해서는 모르는 일이라며 다시 강경하게 부인했다.

성종은 삼월을 비롯해 김효강金孝江, 내관 조진曹疹, 이길분李吉芬의 첩 집에 사는 하인 사비四非, 중전의 오라비인 윤구尹遘의 아내를 체포하여 국문하게 했다. 결국에는 삼월이 극심한 고통을 이기지 못하고 사실을 실토했다.

"굿 하는 책은 전 곡성 현감 이길분의 첩 집에서 얻은 것으로 사비를 시켜 등사하게 했고, 언문으로 쓴 큰 것은 제가 생각해낸 것으로 윤구의 아내가 썼으며 작은 것은 사비가 썼습니다. 비상은 대부인(중전 윤씨의 어머니 신씨)께서 주셔서 석동으로 하여금 언문과 함께 작은 상자에 담아 권숙의의 집에 던지게 했는데, 모두 제가 꾸민 짓입니다."

이 사건으로 대부인 신씨는 작위를 빼앗겼고 삼월은 교형絞刑에 처해졌으며 사비는 곤장 100대를 맞고 변방의 관노로 내쫓겼다.

물론 이 사건은 중전 윤씨가 성종을 해치려고 한 것이 아니라 정소용과 엄숙의를 없애려고 한 것으로 투기심에서 나온 것이었다. 하지만 투기심이 커져서 자신의 뜻대로 안 될 경우에는 성종까지도 해칠지 모르는 일이었다.

성종이 중전 윤씨를 어떻게 처리하면 좋을지 대신들에게 물으니 신하들은 서로 얼굴만 쳐다볼 뿐 아무도 입을 여는 자가 없었다. 그때 침묵을 깨고 예조판서 허종許琮이 아뢰었다.

"청하옵건대 이 일을 조정이나 민간에 알리지 마시옵소서. 왕비를 별도로 방에 거처하게 하여 2,3년 동안 개과천선함을 기다린 후에 다시 복위시킴이 옳을 줄 아옵니다. 만약 그렇지 못하면 그때 가서 폐한들 무엇이 어렵겠습니까?"

"경은 마치 태갑太甲을 동궁桐宮에 옮겨 개과천선하게 한 것 같이 하려 함이오?"

성종은 은나라의 재상 이윤伊尹이 탕 임금의 후계자 태갑을 동궁에 유폐한 일을 말한 것이었다.

"그러하옵니다. 통촉하여 주시옵소서."

결국 성종은 대신들의 의견에 따라 윤씨를 별궁에 머물게 하고 중전의 오라비인 선전관 윤구를 옥에 가두었다. 성종 8년 4월에 일어난 일이었다.

그러나 윤씨는 날로 투기가 심해져 마침내 성종과의 부부 싸움 끝에 왕의 얼굴인 용안에 손톱자국을 내고 말았다. 성종의 어머니 인수대비는 진노하여 대신들 앞에서 용안을 보이면서 반역죄에 해당하니 그대로 둘 수 없다고 소리쳤고, 자존심이 크게 상한 성종 역시 윤씨를 폐하려 했다.

성종 10년(1479) 6월 3일 그토록 우려했던 일이 현실로 벌어지고 말았다. 성종이 신하들의 반대를 물리치고 윤씨를 서인으로 폐하여 작은 가마에 태워 친정으로 돌려보낸 것이다. 성종은 윤씨가 부모와 같이 있는 것은 허락했지만 형제지간에도 만나지 못하도록 했다.

친정으로 간 윤씨는 날마다 피눈물을 흘리며 지난 일을 후회했지만 누구 하나 이 사실을 임금에게 전하는 자가 없었다. 그러던 어느 날 인수대비가 은밀히 조두대를 불렀다.

"조상궁, 폐비의 집으로 가서 지금 어떻게 생활하고 있는지 자세히 살피고 오게."

"네, 알겠사옵니다. 대비마마."

조두대가 윤씨를 만나서 살펴보니 지난 일을 후회하는 기색이 역력한데다가 한 나라의 국모였던 여인이라고는 생각할 수 없을 만큼 비참한 생활을 하고 있었다. 하지만 영특한 조두대는 이미 인수대비의 심중을 꿰뚫고 있었다. 괜히 폐비가 진심으로 반성하고 있다는 말을 전했다가는 인수대비의 심기를 불편하게 할 것이 분명했다. 조두대는 자신이 본 것과 정반대로 보고하기로 마음먹었다.

폐비 윤씨의 무덤. 연산군이 권좌에 오른 후 회릉懷陵으로 승격되었다가 중종반정 이후 다시 회묘로 강봉되었다.

"그래, 가서 보니 어떻던가?"

인수대비가 호기심 어린 얼굴로 물어오자 조두대는 잠시 뜸을 들였다가 이렇게 아뢰었다.

"예, 폐비께서는 좋은 비단옷에 짙은 화장을 하고 쇤네를 대하셨습니다. 그리고 음식을 잘 드시는지 혈색이 무척 좋아 보였사옵니다."

"아니, 정말로 그랬단 말인가?"

"그러하옵니다. 어느 안전이라고 쇤네가 거짓을 고하겠사옵니까?"

"알겠네. 그만 건너가 쉬도록 하게."

"황공하옵니다, 대비마마."

하늘을 찌른 조상궁의 권력

성종 13년(1482) 윤 8월 11일 조두대에게 왕으로부터 교지가 내려왔다.

> 사비私婢 조두대는 세조대부터 지금까지 궁궐에서 왕실을 받들었는데, 부지런하고 삼가서 공이 있으니 영원히 양인이 되는 것을 허락하노라.

세조대에도 양인이 되는 것을 허락한다는 왕명이 있었지만 다시 양인이 되는 것을 허락한다는 성종의 교지를 받고 보니 기쁨이 더했다.

그러던 와중에 성종 14년(1483) 3월 30일 조선 역사상 최초로 수렴청정을 했던 정희대왕대비가 세상을 떴다. 그리고 대왕대비전 소속이었던 조두대는 인수대비전 상궁으로 승진하여 자리를 옮겼다.

성종 19년(1488) 6월 궁녀의 최고 관직인 상궁 자리에 올라 있던 조두대에게 성종이 또다시 은전을 내렸다. 그녀의 사촌오라버니 조철주를 겸사복으로 삼으라는 명을 내린 것이다. 겸사복은 조선시대 임금을 호위하던 기마병으로 이루어진 친위 부대였다. 9월 18일이 되자 이번에는 조상궁의 여동생 조말덕曹末德을 영원히 양인이 되게 하라는 왕명이 내려졌다.

그러나 호사다마라고 했던가? 뜻하지 않은 불운이 그녀에게 찾아왔다. 성종 23년(1492) 장사꾼으로 있던 조두대의 조카 조복중曹福重이 중국에 사신으로 가는 사행부사 변처녕邊處寧을 따라가려다가 감찰에 적발된 것이다. 이 사실은 사헌부를 통해 왕에게 보고되었고, 성종은 의금부에 넘겨 사헌부로 하여금 심문하도록 했다.

며칠 후 출근한 조두대의 어두운 얼굴을 본 인수대비가 조심스럽게 물어왔다.

"조상궁, 요즈음 무슨 근심이라도 있는 겐가?"

순간 움찔했던 조두대는 황급히 대답했다.

"하해와 같은 은혜를 입고 있사온데 무슨 근심이 있겠사옵니까?"

"이 사람, 자네와 나 사이에 못할 말이 뭐란 말인가? 나도 알고 싶으니 속 시원히 말해보게."

"그것이……."

"어허, 어서 말해보래도."

"예, 대비마마. 장사를 하는 제 조카 놈이 이번에 북경에 가는 사행부사 영감을 따라가려다 그만 사헌부 감찰에게 적발되어 문초를 받게 생겼습니다."

"쯧쯧, 그런 일이 있었구먼. 너무 심려 말게. 내 주상께 일러 선처하도록 하겠네."

"망극하옵니다, 대비마마."

조카 조복중은 결국 인수대비의 말대로 얼마 후에 풀려났다. 조두대는 이미 이처럼 대단한 권세를 부릴 수 있는 자리에 올라 있었다.

성종 24년(1492)의 어느 날 저녁 사간원 정언 유숭조柳崇祖가 청계천을 따라 말을 타고 가고 있었다. 유숭조는 퇴궐하면서 종을 앞세워 집으로 돌아가는 길이었다.

"물렀거라. 사간원 정언 나리 행차시다. 휘이, 물렀거라."

그때 마침 한 부인네가 뒤쪽에서 말을 타고 오고 있었다. 그런데 유숭조 일행이 길을 비키지 않자 부인의 말을 몰던 하인이 잔뜩 화가 난 얼굴로 다가왔다. 하인은 유숭조의 종을 때리려고 하면서 큰 소리를 질렀다.

"이놈! 어찌하여 길을 가로막고 피하지 않느냐?"

"이보시오. 그대들은 누구인데 감히 조정 관료의 길을 막는 것이요?"

"그건 네 따위가 알 것 없다! 감히 내 주먹을 피해?"

그러더니 돌을 주워 유숭조의 종을 향해 힘껏 던졌다.

"이놈, 어디 맛 좀 보아라!"

"아악!"

돌은 종의 이마에 정확히 명중했고 얼굴은 흘러내리는 피로 범벅이 되었다. 일이 심상치 않게 돌아가자 유숭조가 나섰다.

"대체 무슨 일이더냐? 너희들은 누구인데 감히 간관諫官의 행차를 방해한단 말이냐? 이러고도 살아남기를 바라느냐?"

"흥, 살아남고 안 남고는 두고 보면 알 것이오!"

유숭조의 말에 콧방귀를 낀 하인은 유숭조의 종을 끌고 어디론가 사라졌다. 하인은 수표교를 지나 한 마을의 문 밖에 이르자 종의 머리를 잡고는 어느 집으로 끌고 들어갔다.

"이보게들! 이놈이 감히 우리 마님의 앞길을 가로막았으니 모두 나와서 버릇을 좀 고쳐주게나!"

"이런 버르장머리 없는 놈을 보았나? 우리 마님이 누구인 줄 알고 그런 짓을 한 게야!"

순식간에 하인들 10여 명의 발길이 종의 몸 위에 무차별로 쏟아졌다. 유숭조의 종은 너무 고통스러워서 소리를 질렀지만 하인들은 눈곱만큼도 동정심을 보이지 않았다.

"이만하면 알아들었을 것이니 이놈을 끌어다가 수표교 다리가에 버리고 오게."

"알겠소. 가자, 이놈!"

하인들은 초죽음이 된 유숭조의 종을 거꾸로 끌고 가서 수표교 다리가에 버리고 돌아갔다. 이튿날 분을 참지 못한 유숭조가 이 사실을 왕에게 아뢰었다.

"신이 사람을 시켜 물어보니 그 집은 바로 조상궁의 집이라고 했사옵니다. 조상궁의 여동생이 일이 있어서 언니의 집에 출입한 것인데, 그 방자함이 너무 심하니 징계하지 않을 수 없사옵니다. 통촉하여 주시옵소서."

"형조판서는 들으시오."

"예, 전하."

"이 일은 강상綱常에 관련된 것이니 가벼이 볼 수 없소. 형조에서 국문하도록 하시오."

"분부 받들어 거행하겠나이다."

일의 결과가 어떻게 되었는지는 사료에 나와 있지 않아 알 수 없지만 이 사건으로 당시 조두대의 위세가 어느 정도였는지 짐작할 수 있다.

피비린내 나는 연산군의 복수

연산군 1년(1495) 5월 왕이 다음과 같은 전교를 내린다.

"상궁 조씨가 공이 높으니 상을 내리노라. 상궁 조씨의 조카딸 취양비와 조카 조복중으로 하여금 영원히 양인이 되게 하라."

그러자 신하들은 일의 부당함을 들고 나왔다.

"신 승지 권경우權景祐 아뢰옵니다. 천인이 양인이 되는 것은 본래 중한 일이므로 군공軍功이 아니면 허락하지 않습니다. 부득이 상을 주시려면 조씨 본인에게 천인의 부역만 면하게 하소서."

"상궁 조씨는 선왕조 때부터 공이 있었다. 때문에 이 정도 상은 괜찮다."

이튿날도 대간들이 조상궁의 일을 거론했다.

"신 지평 최보崔溥 아뢰나이다. 상궁 조씨에게 세금과 부역을 감면하신다고 하는데 전하께서 하시는 뜻을 잘 모르겠습니다. 또한 조씨의 조카 조복중은 사노비인데 양인이 되는 것을 허락하시는 것은 법령을 어기는 것이 되옵니다."

"명을 내리는 이유는 상궁 조씨의 공이 높기 때문이다."

"전하, 만약 이런 일이 한번 시작되면 궁녀들에게 세금과 부역을 감면하는 것이 계속될까 염려되옵니다. 조씨에게 공이 있는지 없는지는 알지 못하겠습니다만, 공이 있는 것으로 치자면 궁중 사람뿐만 아니라 외간에도 있으니 이들 모두에게 세금과 부역을 감면할 것이옵니까? 또한 조씨의 족속들을 모두 양인이 되게 한다는 것은 더욱 불가한 일이옵니다. 이런 일들은 잘못된 점이 있으니 통촉하여 주시옵소서."

"상궁 조씨는 선대 왕조에 공이 있어서 그때 노비를 내리거나 그 아들에게 벼슬을 주어 녹을 받게 했다. 이번에도 공이 있으므로 그렇게 한 것뿐이다."

"만일 조씨에게 정말 공이 있다면 때로 의식을 내리셔서 공을 기리면 되옵니다. 전하께서 조정을 존중하는 마음이 있으시다면 궁중의 사소한 일을 가지고 외간에 보이시지 않아야 합니다."

대간들의 완강한 반대에 부딪힌 연산군은 결국 자신의 뜻을 접고 만다.

"조씨의 조카 복중은 양인이 되는 것을 취소한다."

이렇게 해서 조카딸 취양비만 양인이 되었지만 그것만으로도 조두대는 분에 넘치는 성은을 입은 것이었다.

그런데 이렇듯 엄청난 권세와 광영을 누리며 살다간 조두대는 세상을 떠난 후 참혹한 비극을 겪게 된다. 연산군 10년(1504) 4월 23일, 편전에 앉은 연산군은 분노를 억누르지 못해 몸을 떨면서 명을 내렸다.

"모후이신 폐비께서 폐위당할 때 귀인 권씨와 전언 조두대, 그리고 봉보부인(왕의 유모) 백씨 등이 모의에 참여했으니 조두대와 백씨의 관을 쪼개어 능지처참하라! 권귀인은 이장하되 묘를 만들지 못하게 하고 묘소의 석물石物을 없애라! 그 아들들은 모두 나누어 먼 곳으로 유배 보내고 아들이 없는 자들은 형제를 유배 보내라!"

이에 영의정 성준成俊 등이 찬동하고 나섰다.

"성상의 하교가 지당하시옵니다."

연산군이 말을 이었다.

"경들은 들으라! 권귀인은 폐하여 서인을 삼고, 봉보부인 백씨는 부관참시하며, 그 지아비 강선姜善은 곤장 100대에 처하고 먼 지방으로 보내 종으로 삼으라! 또한 가산을 적몰하도록 하라!"

"분부 받들어 거행하겠나이다."

신하들이 머리를 조아렸다.

연산군은 교리 심정沈貞과 내관 한 사람을 양주에 있는 조두대의 묘로 보내고 부수찬 이희보李希輔와 내관 한 사람을 금천에 있는 백씨의 묘에 보내 조두대와 백씨의 부관참시 상황을 감시하게 했다. 연산군의 복수는 이것으로 끝나지 않았다. 6월 27일에는 다음과 같은 전교를 내렸다.

"조두대, 은소이, 정금이, 어리니 등은 이극균李克均의 선례에 따라 집터를 허물고 연못을 파라! 돌을 세워 죄악을 낱낱이 적고 주검을 묻은 곳에도 돌을 세우라! 그리고 김감金勘 등으로 하여금 죄명문을 짓게 하라!"

은소이는 성종의 후궁이었던 소의 엄씨, 정금이는 성종의 후궁이었던 소의 정씨이고 어리니는 성종의 보모인 봉보부인 백씨였다. 조두대의 죄명문은 다음과 같았다.

궁중에 오래 있었던 조두대는 여러 조정을 섬기면서 은총에 의지해 음흉하고 사악한 짓을 저질렀다. 엄소의, 정소의와 함께 중전을 위태롭게 하려고 모의하고 참소와 모함을 날로 심하게 하여 마침내 큰 변란을 가져왔으니, 그 죄악이 위로는 종사에 미쳤다. 이에 명하노니 관에서 꺼내 능지처참하고 양자와 형제는 결장決杖(곤장을 침)에 처하며 재산을 몰수하노라. 또한 집터를 파서 연못을 만들고 돌을 세워 죄상을 낱낱이 적어, 후세에 도리를 어기고 무리 지어 악행을 일삼는 자들을 경계하게 하노라.

연산군은 조두대의 동성육촌과 이성사촌들까지 잡아들여 국문하고 그녀의 뼈를 부순 가루를 강 건너로 날리게 했다. 이렇게 해서 궁체의 효시이며 누대에 걸쳐 세도를 누렸던 상궁 조두대는 역사의 뒤안길로 허무하게 사라지고 말았다.

하루 일과에서
스캔들까지
궁녀의 모든 것

2

궁녀의
하루 일과

 침방의 하루

침방針房은 왕과 왕비의 옷인 의대衣襨를 비롯하여 이부자리와 베개, 누비옷, 그 밖에 왕궁에서 소요되는 각종 의복을 만드는 궁녀들의 부서였다. 침방의 최고 책임자는 정6품의 상공尙功으로 여공女工의 과정을 맡았고 종7품 전제典製와 종8품 전채典彩를 통솔했다. 전제는 의복 제작을 담당했으며 전채는 비단과 모시 등 직물을 맡았다.

대전 침방에서는 상공의 작업 지시에 따라 하루 일과가 시작되었다. 각 파트별로 누비버선, 누비저고리, 임금의 구장복九章服과 곤룡포를 만드느라 분주했다. 침방에서 궁녀들이 만드는 옷은 이것만이 아니었다. 궁녀들 자신이 입는 남치마와 옷색 저고리도 손수 지어 입어야 했다. 선배 나인들은 견습 나인인 생각시들에게 바느질 기법을 전수하느라 바빴다. 누비란 겉감과 안감 사이에 솜을 넣고 줄줄이 홈질하는 바느질 기법인데 피륙의 보강과 보온을 위한 것으로 조선 초기의 유물에서 누비옷을 볼 수 있다.

누비는 대부분 솜이 떨어지는 것을 막기 위한 것이었지만 장식 면에도 상당한 비중을 두었다. 《아언각비雅言覺非》에는 누비樓緋가 납의衲衣의 오류라며 승려들의 해진 옷을 기웠던 데서

임금이 입던 정복인 곤룡포. 노란색 또는 붉은색 비단으로 지었고 황색 단緞이나 사紗에 붉은색 안을 넣었으며 가슴, 등, 어깨에는 금실로 수놓은 오조룡五爪龍을 넣은 보를 붙였다.

비롯되었다고 쓰여 있다.

조선시대의 《궁중발기宮中件記》에서는 누비의 종류를 오목누비, 잔누비, 납작누비, 중中누비, 세細누비, 세중細中누비로 구분하고 있다. 이 외에도 줄누비, 마름모누비, 꽃누비, 기하학누비, 회문回紋누비 등이 있다.

이 가운데 홈질이 촘촘한 잔누비는 홈질 줄의 간격이 1밀리미터 정도인 것도 있으며, 정교하기 이를 데 없어 민예 또는 수예로 전승이 아쉬운 기법 중 하나다. 누빌 때는 보조 기구로 밀대를 썼는데, 밀대는 대나무를 길이 25센티미터, 지름 2센티미터 정도의 원통형으로 다듬어 만들고 자개나 화각火角 등으로 장식하기도 했다. 이것을 누비감 밑에 받쳐놓으면 안팎의 감이 밀리지 않아 정교한 바느질을 하는 데 도움이 된다.

생각시들 중에는 궁에 들어오기 전 오랫동안 바느질 연습을 해서 선배 나인의 교습을 곧바로 따라 하며 일취월장하는 사람이 있는가 하면 일이 서툴러 선배 나인에게 야단을 맞는 이들도 있었다. 침방궁녀는 하루 일하고 하루 쉬는 격일제로 일했는데 주야 2교대로 근무하는 지밀궁녀를 빼고 다른 궁녀들은 모두 마찬가지였다.

우리는 영조의 생모인 숙빈 최씨를 최하위급 궁녀인 무수리에서 정1품 빈궁嬪宮의 자리에 오른 신데렐라로 알고 있지만 실은 무수리가 아니라 이곳 침방 처소의 나인이었다.

이는 고종의 후궁이었던 광화당 이씨(1887~1970)와 삼축당 김씨(1890~1972)가 고종으로부터 직접 들었다고 한다. 고종은 영조와 생모인 숙빈 최씨 모자간의 대화를 인용했는데, 영조가 "침방에 계실 때 무슨 일이 가장 하시기 어려웠습니까?" 하고 물으니 최숙빈이 대답하기를 "중누비, 오목누비, 납작누비 다 어려웠지만 세누비가 가장 하기 힘들었습니다"라고 했다. 그러자 영조는 그 자리에서 누비토시를 벗어놓고 일생 동안 누비옷은 걸치지도 않았다고 한다. 고종은 이 일화를 최숙빈의 '무수리설'을 부정하는 증거로 들었다는 것이다.

필자도 고종과 같은 의견이다. 왜냐하면 숙빈 최씨의 아버지 최효원崔孝元은 무관으로 충무위忠武衛 부사과副司果(종6품)를 지낸 중인 집안 사람이기 때문이다. 무수리는 대개 기혼자로 과부가 된 이들이었으니 숙종이 그런 여인에게 승은을 입혔을 리 만무하다. 또한 숙빈 최씨는 승은을 입을 당시 지밀인 인현왕후전 나인이었다. 신분이 낮은 상민 출신으로는 지밀에 들어갈 수가 없는 것이다.

숙빈 최씨의 아버지 최효원은 현종 13년(1672)에 35세의 나이로 사망했고 어머니 역시 그 다음 해에 35세로 사망했는데, 아마도 집안사람이 양친을 모두 여의고 고아가 된 그녀를 궁녀로 들여보낸 듯하다.

침방과 관련하여 《영조실록》에 흥미로운 기사 한 건이 보인

숙빈 최씨의 아버지인 최효원의 무덤. 서울 은평구 진관동에 있다.

다. 경종의 계비 선의왕후 어씨의 관을 싼 구의柩衣를 쥐가 갉아먹는 사건이 일어난 것이다.

며칠 후면 불살라버릴 천을 풀어서 새 천으로 싸자니 번거롭기도 했고 무엇보다 낭비였다. 고민이 든 영조는 대신들과 빈전당상殯殿堂上을 입시하라고 명하고는 이렇게 물었다.

"관을 닦아 구의로 싸고 밧줄로 동여매는 사이에 쥐가 홍전紅氈(붉은 빛깔의 모직물)을 갉아먹어 다 뚫리지 않은 곳이 세 곳이고 흔적이 가는 손가락처럼 보이니, 마음에 꺼림칙하여 잊히지 않는다. 여기가 어떠한 곳인데 이러한 변이 있단 말인가? 어떻게 했으면 좋겠는가?"

그러자 듣고 있던 판부사 민진원閔鎭遠이 이렇게 말했다.

"현궁玄宮(왕이나 왕비의 관을 묻던 광중壙中)에 쓰일 물건이라면 조금만 불결해도 고쳐야 하옵니다. 하지만 이 물건은 며칠 후면 불살라버릴 것이니, 싼 것을 풀어서 고칠 것까지야 있겠습니까? 쥐가 갉아먹은 곳을 잘라내고 다른 홍전으로 메우되 궁녀들 중 바느질 솜씨가 좋은 자로 하여 정결하게 꿰매게 함이 옳은 줄 아옵니다."

이에 다른 신하들도 민진원의 말에 동의하여 영조가 그대로 따랐다. 이처럼 침방 나인들은 침방의 일뿐만 아니라 바느질이 필요한 궁중 여러 곳으로 불려 다녔다.

수방의 하루

수방繡房은 궁중에서 소요되는 옷이나 장식물에 쓰이는 수를 놓는 부서이다. 예를 들어 통상 용금치龍金赤라 일

52년이라는 조선사상 가장 오랜 재위 기간을 가졌던 영조. 영조는 정조와 함께 조선의 부흥을 이끈 성군으로 평가되지만 사도세자를 죽음으로 몰아넣음으로써 후계 구도를 안정시키지 못했다는 평을 받기도 한다.

컽는, 용포龍袍에 다는 흉배胸背를 비롯하여 수의繡衣, 향낭香囊, 필낭筆囊, 협낭夾囊, 각낭角囊, 후수後綬, 베갯모, 진주선眞珠扇, 수노리개, 병풍 등 의복 장식에서 실내 장식에 이르기까지 모든 수를 놓는 곳이다.

수방의 최고 책임자는 종5품 상복尙服으로 의복과 수로 무늬를 놓은 채장采章을 공급하고 정7품 전의典衣와 정8품 전식典飾을 통솔했다. 전의는 의복과 머리에 꽂는 장식품의 수를 맡았고, 전식은 머리를 감고 화장하는 일과 세수하고 머리 빗는 일을 담당했다.

우리나라에서 자수의 역사는 삼국시대 이전부터 시작되었는데 화초, 산수, 동물, 인물 등을 수놓아 의복과 여러 가지 일용품에 장식했다. 《삼국지》〈위지동이전〉부여조에는 우리 민족의 흰옷과 자수를 높이 평가했으며 외국에 사신으로 갈 때는 증의繒衣 또는 수의繡衣, 직금단의織金緞衣, 금의錦衣, 모라의毛羅衣 등을 입었다고 전한다. 《삼국유사》에는 신라 진덕여왕이 손수 짠 비단에 태평송太平頌을 수놓아 당나라 고종에게 보냈다는 기록도 보인다.

이처럼 우수한 삼국시대의 자수 문화는 일본에도 전해져 큰 영향을 미쳤는데《일본서기》와 일본 자수 교과서인 《자수연표》에는 340년경 백제에서 자수 기술이 전해졌다고 쓰여 있다.

고려시대에는 세련됨이 지나쳐 사치스러운 귀족적 취향이

유행했던 것으로 보이는데, 인종 22년(1144)에는 사치가 심해져 내외 공사公私의 옷에 반드시 금수錦繡를 사용하니 이를 근절시키라는 왕명이 있었다.

조선시대에 들어와서는 수복壽福, 강녕康寧, 길상吉祥의 의미를 표현하면서 크고 작은 옷들부터 실내 장식, 바느질 용구, 침구, 계급 표시 등에 이르기까지 수를 놓아 미의 극치를 이루었다. 이를 위해 궁중에서는 열 살이 채 안 된 궁녀들을 뽑아 전문적인 자수 기술을 익히게 했다. 이 궁녀들은 평생을 수를 놓는 일에 전념했기 때문에 그 기술이 매우 뛰어나 보통사람들이 따를 수 없었다.

침방에는 수본繡本을 그리는 나인과 수를 놓는 나인이 따로 있었다. 또한 밑그림을 그려주는 전문 화공들이 있었으며 여염집에서는 보기조차 어려운 금사(금실)와 은사(은실)를 마음껏 사용할 수 있었다. 수실은 왕의 옷과 궁내의 일용품, 보물 등의 관리를 맡은 관아인 상의원尙衣院에서 연사장鍊絲匠이 비단실을 눅인 다음 염장染匠과 홍염장紅染匠이 염색을 하고 합사장合絲匠이 실을 만들어 수방으로 들여 쓰게 했다. 또한 수방에는 고앗방이 있어서 수실을 꼬아서 끈을 달아 완성했다.

수를 놓는 수법에는 심을 먼저 박고 그 위에 수를 놓는 겹수와 그대로 놓는 홑수가 있었다. 처음에는 홑수에서 출발했다고 하는데 실이 귀했기 때문이라고 한다.

화려한 수가 돋보이는 영친왕비의 적의. 국립고궁박물관 소장

수의 종류에는 중국수中國繡, 안주수安州繡, 나주수羅州繡, 궁수宮繡 등이 있었다. 전해오는 말에 의하면 안주수는 조선의 어느 선비가 청나라 산둥반도로 잡혀가서 살던 중 우연히 수를 익힌 후, 귀국하여 안주에 정착해 살면서 보급했다고 한다. 남자가 수를 놓는 것이 특징이고, 바탕에 심을 넣어 수를 놓기 때문에 납작한 궁수와 비교해볼 때 양감이 있었다.

주요한 수법으로는 자릿수, 자련수, 평수, 이음수, 징금수, 매듭수, 사슬수 등이 있었다. 이외에 가름수, 감개수, 격자수, 모사자수, 문살수, 민간수, 사각수, 사뜨기수, 삼각수, 속수, 올수, 점수 등도 있다.

수를 놓을 때 필요한 용구로는 수본繡本, 실첩, 수틀, 수바늘, 금사통, 가위 등이 있었고, 문양으로는 십장생, 사군자, 용, 봉황, 송학, 구름 등이 대표적이었는데 여러 가지 글자와 문양 등을 다양하게 변형시켜 사용했다.

수의 바탕에 사용한 천으로는 나羅, 견絹, 저紵, 모직물 등이 있었으며, 실은 푼사(꼬지 않은 명주실), 반푼사가 주로 사용되었고 때로는 금사, 은사, 삼실[麻絲], 털실 등도 사용되었다.

세수간의 하루

세수간洗手間은 아침저녁으로 왕과 왕비의 세숫물과 목욕물을 대령하는 것이 소임이다. 목욕탕이 없던 옛날에는 옻칠한 함지에다 더운 물을 담고 작은 대야를 한데 받쳐 올렸다. 또한 지(요강), 타구唾具(침이나 가래를 뱉는 그릇), 매우梅雨틀(변기) 등의 시중과 수건 그릇 등의 세탁과 세척을 담당했으며 내전고간內殿庫間에도 출입했다.

왕비가 궁 안에서 후원 같은 곳을 산책할 때는 가마를 메는 일과 앞뒤에서 시위하는 임무를 담당했다. 이때 부족한 인원은 생과방, 소주방, 세답방에서 차출했다. 또한 평상시에는 내빈 접대와 내전 청소를 담당했다.

만약 왕이 대변이나 소변이 보고 싶다고 하면, 내전 침실의 등불 켜기, 불 때기, 담뱃대·재떨이의 청소 등 잡일을 맡아 보던 복이처僕伊處의 나인이 매우틀 속에 여물을 잘게 썬 매추梅蒭라는 것을 뿌려서 가져온다.

매우틀은 요즘의 좌변기와 비슷한데, ㄷ자의 터진 쪽을 앞으로 한 것 같은 모양의 나무틀 밑에 반짝반짝 빛나는 동그릇

조선시대 왕과 왕비가 사용했던 이동식 화장실인 매우틀의 모습

[銅器]이 놓여 있고, 나무틀 위는 빨간 우단으로 싸서 앉게 되어 있다.

이어서 왕은 매우틀에 앉아서 용변을 본다. 일을 마치면 복이처 나인이 명주로 왕의 뒤처리를 한 후에 매추를 뿌리고 덮어서 가지고 나간다. 매우틀은 궁 안에 모두 3개가 있었는데 각각 침전과 정청政廳 그리고 외빈을 접견하는 전각에 있었다.

왕이 목욕을 하려고 할 때는 침실에 붙은 작은 방에서 하게 된다. 이곳은 세수하는 곳인데, 넓은 기름종이를 방바닥에 깔아놓았으며 통나무를 판 큰 함지박이 놓여 있다. 이 함지박에 세수간 나인이 더운 물을 붓고 옆에 찬물을 갖다가 놓는다.

목욕 준비가 완료되면 시녀상궁이 왕의 내복과 의대를 갖다가 대령해놓고 나가고 왕의 유모인 봉보부인이 왕을 모시고 들어가서 씻겨드린다.

소주방의 하루

소주방은 내소주방(안소주방)과 외소주방(밧소주방)으로 나누어진다. 내소주방은 아침저녁의 수라를 관장하는 곳으로 주식에 따른 각종 찬품을 맡았다.

내소주방에서는 생과방과의 협조 아래 식전의 자리끼, 낮것, 야참 같은 간식을 올렸다. 이때 자리끼는 주로 응이죽, 깨죽, 낙죽이었고 밤참이나 낮것은 국수나 수정과, 식혜 등을 올렸다.

외소주방은 궐내의 다례茶禮를 책임지고 대소 잔치와 윗분의 생일에 잔칫상을 차리는 것이 임무이다.

왕실에서는 결혼이나 왕의 즉위식 등 경사가 있을 때 의례를 행하고 잔치를 베풀었다. 잔치는 규모에 따라 크게 진연進宴, 진찬進饌, 진작進爵으로 나누어졌다.

진연은 나라에 경사가 있을 때 베푸는 잔치이며, 진찬은 왕족에게 경사가 있을 때 베푸는 잔치로 진연보다는 의식 절차가 간단했다. 진작은

수라간의 현판. 수라水剌는 원래 몽고어로서 탕미湯味를 뜻하며, 수라간은 수라를 짓는 주방을 의미한다.

진연 때 축하의 술잔을 올리는 절차이다. 진연을 베풀 일이 생기면 수개월 전부터 미리 날을 잡고 자리를 정하며 청할 손님을 결정하고 그릇과 음식 재료를 준비한다.

왕실에는 이러한 준비를 위해 진연청進宴廳이라는 관아를 설치하고 진연도감進宴都監을 임명했다. 음식은 숙설소熟設所 또는 주원숙설소廚院熟設所라는 임시 가옥에서 만들었는데, 숙설소의 규모는 무려 190칸, 요리사인 숙수熟手도 100명이나 되었다.

진연은 예행연습인 습의習儀를 여러 번 거친 뒤에 베풀어졌다. 연회상은 높이 괴는 고배상 차림이 원칙이었다. 보통 높이는 30~90센티미터 정도였으며 연회의 규모나 상을 받는 신분에 따라 차이가 있었다.

진연 때 왕이 받는 어상에는 음식을 높이 괴고 상화床花로 화려하게 장식했다. 축하 의식이 끝나면 그릇에 높이 괴어 담았던 음식을 종친과 당상관의 집에 하사했는데, 괴었던 음식은 헐지 않고 부도지로 싸서 들것으로 실어냈다. 음식을 하사받은 외척이나 종친, 사대부가에서는 궁중 음식을 맛보고 그것을 따라 하기도 했다. 의례상은 그 자리에서 허물어 먹을 수 없으므로 먹을 수 있는 상을 따로 차리는데, 이것을 입맷상 또는 몸상이라고 한다. 이 상은 평소의 장국상보다 안주를 더 놓고 크게 차린다.

주인공이 대비나 대왕대비인 경우, 왕과 왕비는 대청 밖에 좌우로 따로 자리를 잡고 차비를 차린다. 그리고 잔칫상을 받기 전에 차리는 음식들의 이름을 쓴 찬품단자를 받았는데, 색색으로 물들여 다듬질한 선자지扇子紙에 썼으며 받는 사람의 신분에 따라 색을 달리했다.

고종 7년(1870)에 있었던 신정왕후 조씨(조대비)의 육순 잔치의 기록을 보면 대왕대비는 황색, 임금은 홍색, 중전은 청색, 대원군은 보라색, 부대부인은 짙은 초록색을 받았다.

찬품단자는 두루마리로 접는 경우도 있고 병풍처럼 접는 경우도 있다. 봉투는 두루마리와 같은 색종이로 만들고 겉에는 받는 사람의 칭호를 적는다. 잔칫상은 의식 절차에 따라 여러 번 받는다.

대왕대비, 임금, 중전은 똑같은 내용의 상을 받고 그 아래의 공주, 옹주, 내빈, 외빈, 내명부, 외명부는 상상上床 또는 당랑상상堂郎上床을 받는다. 문안을 든 각 신하에게는 반사연상頒賜宴床이 차려진다. 그 아래 규모로는 중상, 하상이 있고 별시령別市令 이하에게는 지금의 교자상 차림의 반사도상頒賜都床이 주어진다.

내시, 입직장관장모, 원역, 별감, 악공, 여령에게는 상반, 중반, 소반, 대우판, 중우판, 소우판, 쟁반 차림이 주어진다. 입직군병과 숙수에게는 흰떡 3개, 산적 한 꼬치, 청주 한 잔의 궤찬饋饌이 주어진다.

또한 각 철의 궁중 연례행사인 고사告祀, 또는 왕자녀의 백일, 기타 생일에는 백설기(궁중어로는 백설고)를 수십 시루씩 쪄서 궁내 각 전각과 종친, 외척에게 돌리는 것이 관례였는데, 이 또한 외소주방의 몫이었다.

특별한 기간에 먹는 시식時食과 절식節食을 구체적으로 소개하면 다음과 같다.

1) 꽃놀이 : 삼월 삼짇날에 진달래꽃이 만발하면 비원의 옥류천가에서 화전놀이를 한다. 찹쌀가루, 참기름, 꿀을 마련하고 번철, 수저, 채반을 갖추어 야외에서 음식을 마련하여 즐겼다.

2) 수렵 잔치 : 동지가 지나서 셋째 미일未日을 납평이라 하는데 이때 왕실에서 사직단과 태묘(종묘 정전)에 납평대제를 지냈다. 이때는 날고기를 제물로 썼으므로 노루, 사슴, 메추리 등을 사냥했다. 이때 사냥한 고기를 가지고 납평전골을 만들어 진상하는 것이 연례행사였다.

3) 천신薦新 : 천신은 자손이 효성을 다하는 마음을 표시하는 것으로 과일이나 농산물 등이 처음 나왔을 때 조상에게 바치는 것이다. 이렇게 바친 음식을 가져다가 자손들이 음복했

다. 종묘에 천신하는 음식은 다음과 같다.

1월에는 조곽(정월에 따서 말린 미역), 2월에는 생합·생낙지·생전복·빙송어·미나리·반건치·당귀싹·작설차, 3월에는 황조기·수조기·누치·웅어·고사리·승검초나물·청귤, 4월에는 준치·오징어·자라·죽순, 5월에는 농어·보리·밀·오이·앵두·살구, 6월에는 올벼·수수·조·기장·쌀·오얏·능금·동아·참외·은어, 7월에는 연어·배·청포도·호두·잣·개암·연실을 천신했다.

8월에는 게·붕어·송이·밤·대추·홍시·신도주, 9월에는 석류·머루·천도복숭아·기러기, 10월에는 감자·귤·곶감·은행·유자·마·은어·대구·문어, 11월에는 임연수어·청어·백어·백조, 12월에는 동정귤·유감·당유자·숭어·토끼를 천신했다.

궁중은 지존을 모시는 곳이므로 좋은 재료와 좋은 솜씨가 하나가 되어 독창적인 음식 문화를 만들어왔다. 일반 서민 음식과 다른 궁중 음식의 특징은 간이 짜거나 맵지 않은 것이다. 다만 섞박지와 깍두기만은 예외적으로 맵게 만든다. 이는 민간에서는 얼큰한 맛을 즐기는 것과는 대조적이다.

서사상궁의 하루

서사상궁은 궁중에서 교서, 한글 편지 쓰기, 궁중발기 작성, 소설 베끼기 등의 일에 종사하던 지밀 소속의 상궁이다. 서사상궁은 궁체에 능했는데, 궁체는 난해한 글씨체 대신 읽기 쉬운 정자로 한글을 표기하는 과정에서 나왔다.

능숙한 궁체 문서의 작성을 위해 지밀에서는 부모 얼굴도 모르는 어린 나이에 궁에 들어온 어린 나인들에게 글씨 연습을 시켰다. 얼마나 훈련이 혹독했던지 그날 쓴 연습량이 예정된 분량을 채우지 못하거나 글씨의 질이 바라는 만큼에 도달하지 못하면 밥도 주지 않고 글씨 연습을 시켰다고 한다.

영조 36년(1760)에 태어나 순조 15년(1815)에 세상을 떠난 이옥李鈺의 문집 중 도시 부녀자들의 노래(俚言) 속에는 다음과 같은 시가 보인다.

> 일찍 익힌 언문 궁체
> 이응자에 모가 뾰족.
> 글씨 보신 시부모님들
> 언문 여제학 났구면.
> 早習宮體書 異凝微有角
> 舅姑見書喜 諺文女提學

이 기록으로 미루어 보아 적어도 영조 시대에는 궁체라는 말이 쓰이고 있었다고 생각할 수 있다.

궁중에는 약 500~600명의 궁녀가 있었는데, 그중 약 10%에 해당하는 인원이 지밀 소속의 궁녀였다. 지밀 소속의 궁녀는 누구든 의무적으로 궁체를 배워야 했다. 그중에서 글씨가 뛰어난 자는 서사상궁이 되어 언문 교서 등 공문서의 작성은 물론 왕비나 왕대비가 친정에 보내는 문안편지를 대필했다. 이들은 70~80세가 될 때까지 일생 동안 이 일에만 전념했다.

민간에서는 임진왜란과 병자호란을 겪고 난 뒤 일어난 소설 문학의 대중화로 소설책을 빌려주는 세책방貰冊房이라는 신종 업종이 생겨나기도 했다. 돈을 받고 책을 필사해주기도 했던 세책방에서는 남성적인 글씨보다는 아담하고 정교하며 섬세하여 읽기에 편한 궁체를 선호했다. 이 때문에 세책방에서는 휴가를 나오는 궁녀들과 접촉해 그들에게 소설 필사를 청탁했고, 궁녀들은 가난한 친정 살림에 도움을 주기 위해 필사 부업을 하게 되었다.

허락된 휴가 기간은 짧고 써야 할 소설의 양은 많다 보니 궁녀들은 일을 서둘러야 했고, 자연히 빠른 속도로 베껴 쓰는 기술이 필요하게 되었다. 이러한 상황에서 흘려 쓰는 흘림체가 생겨나서 궁체 중 하나로 굳어지게 되었다.

궁체의 대가로 알려진 인물로는 세조조의 상궁 조두대曹豆大,

고종조에 아름다운 글씨로 명성왕후 민씨의 서간문을 대필했던 상궁 서희순徐喜淳과 서기書記 이씨 등이 있다.

윤백영 여사의 증언에 따르면 서기 이씨는 한말 궁중에서 보기 드문 궁체의 천재였다고 한다. 조대비전에 소속된 나인이었던 이씨는 무슨 이유에서인지 출궁되었다가 그 재주를 아까워한 상전이 불러들여 서기 직책으로 채용했다고 하는데, 이는 전례 없는 특전이었다.

무수리의 하루

무수리는 궁중에서 물 긷는 일을 담당하던 하급 궁녀로 중국어로는 '수사水賜' 또는 '수사이水賜伊'라 하고, 그녀들이 거주하는 곳을 수사간水賜間이라 한다. '무수리'라는 말은 고려시대 몽골 공주가 고려왕에게 시집와 궁중에서 생활하면서 생겨난 말로 몽골어로 '소녀'라는 뜻이다. 무수리들은 수사간에서 남성인 별감別監 4명과 함께 근무했다. 그러다 보니 가끔씩은 별감들과의 스캔들도 발생했다.

옛날 궁중에는 전각마다 밖에 우물이 있었는데 물 긷는 일이 매우 큰일 중 하나였다. 무수리들의 주된 임무는 물 긷는 일이었지만 불 때기 등 온갖 잡일을 담당했다.

칠궁 안에 있던 우물인 냉천. 냉천의 물은 제수로 사용했다.

무수리는 처음에는 교대 근무를 하며 밖에서 출입하던 것을 태종 11년(1411) 윤12월부터 궁중의 소식이 밖으로 새어나가는 것을 막기 위하여 궁내에서 머물면서 생활하게 했다. 태종 14년(1414)에는 무수리의 남편이 있고 없음을 물어서 10일씩 바꾸어 근무하게 하기도 했다.

무수리들의 복식은 무명에 아청색 물을 들여 아래위를 같은 색으로 입었기 때문에 매우 우중충한 모습이었다. 여기에 머리를 방석같이 둥글게 틀어 올리고 치마 중간에 같은 감으로 넓찍한 허리띠를 매고 앞에는 패를 찼다. 이 패는 아침저녁으로 궁궐 문을 출입할 때나 각 별궁 사이를 무상출입하는 신분증으로 사용되었다.

그런데 출퇴근하는 무수리뿐 아니라 붙박이로 오로지 궁궐에서만 생활하는 무수리도 있었던 것으로 보인다. 출퇴근하는 무수리가 과부 등 돌볼 자녀가 있었던 이들인데 반해 자녀가 없고 결혼하지 않은 젊은 무수리는 궁 안에서만 생활한 듯하다. 무수리들은 상례 때 배자背子에 생마대生麻帶를 하고 신발은 백피혜白皮鞋를 신었다고 한다.

방자의 하루

방자房子는 궁중 상궁들의 살림집에서 붙박이로 일하던 일종의 가정부로 궁중의 방자에게는 비자婢子, 손님, 각심이, 방아이 등의 별칭이 있었다.

이들은 상궁이나 나인의 친족 중에서 채용했는데, 대개 식모와 침모를 겸하는 경우가 많으므로 과거에 결혼했던 경우가 대다수였지만 채용 당시에는 독신이어야 했다. 이들의 급료는 국가에서 지급했다.

방자에는 시간제로 부리는 반방자와 붙박이로 부리는 온방자(왼방자)가 있었다. 《속대전續大典》에 의하면 제조상궁은 온방자 3명, 부제조상궁은 온방자 2명, 기타 상궁 중에는 온방자 1명, 반방자 1명씩을 배정받은 이가 있었고, 단지 온방자 1명이나 반방자 1명의 수당을 받은 상궁도 있었다고 한다.

방자의 나이대는 17, 18세에서 40세 정도까지였으며 호칭은 녹번리에 살면 "녹번아"로 부르는 등 마을의 이름을 그대로 사용했다.

20세기초 국권을 상실한 이후에는 방자들 중 기혼녀가 많아져서 보통은 쪽을 지고 아무 옷이나 수수하게 입어 복색이 여염 부녀와 다를 바 없었다. 궁중방자 중에는 글월비자가 있어서 색장色掌나인 밑에서 심부름을 하거나 문안편지를 돌리는 등의 바깥 근무를 했는데 이들은 아청색 복장을 입었다.

방자들은 과거에 결혼을 했던 경험이 있는 경우가 대부분이라 일반 궁녀들보다 궁내에서 남성들과의 스캔들이 자주 일어났다. 실록에는 단종 1년(1453) 한 시녀가 혜빈 양씨에게 보낸 편지에 "방자 자금者今, 중비重非, 가지加知 등이 별감과 사통하고자 한다"고 하여 의정부 사인舍人 이예장李禮長을 불러 당상에 의논하게 했다는 기사가 보인다.

숙종 27년(1701)에는 내관 이동설李東卨 등이 방자나인 월금月錦, 영업英業 등과 몰래 서로 간통하다가 발각된 사건이 일어났다. 숙종은 곧바로 형조에 명해 이들을 형신하게 했지만 여러 번의 형신에도 불구하고 오랫동안 자백을 받아내지 못했다. 이에 숙종은 사형을 감하여 이들을 절도에 귀양 보낼 것을 명했고, 승정원에서 재고할 것을 건의했지만 그대로 시행되었다.

　정조 즉위년(1776)에는 출궁된 방자나인이 내시 김윤복金允福과 부부라고 칭했다가 먼 곳으로 귀양 간 일도 있었다.

궁녀의
역사

 궁녀의 유래

궁녀는 이미 중국의 3대인 하夏·은殷·주周대부터 있었다. 우리나라에서는 삼국시대 이후부터 비롯되었다. 고려 말의 학자인 이곡李穀 선생이 지은 《주행기舟行記》에서는 기축년(1349, 충정왕 1) 5월 17일 낙화암의 기록을 볼 수 있다.

그 이튿날에 부여성 낙화암 아래에 이르렀다. 옛날에 당나라가 소장군(소정방蘇定方을 말한다)을 보내 백제를 쳤는데, 부여는 그때의 도읍지였다. 당시에 포위를 당해 상황이 매우 급박해지자 군신君臣이 궁녀들을 놔두고 도망쳤는데, 궁녀들이 의리상 당나라 군사들에게 몸을 더럽힐 수 없다고 하여 떼를 지어 이 바위에 이르러 강물에 몸을 던져 죽었다. 그래서 낙화암落花巖이라고 이름 지은 것이다.

《세종실록지리지》 부여현조에도 백제가 망할 때 궁녀들이 낙화암에 떨어져 죽었다는 이야기가 나온다.

> 조룡대 서쪽에 또 100길이나 되는 깎아지른 바위가 있는데, 민간에 전하기를 '의자왕이 신라에게 패하게 되매 궁녀들이 이 바위로 달아나 스스로 강물에 떨어져 죽었으므로 낙화대落花臺라 했다' 한다.

낙화암 아래 백마강의 풍경. 삼천궁녀의 한을 품은 채 오늘도 무심히 흘러가고 있다.

낙화암에서 떨어지는 궁녀들의 모습을 그린 기록화

 이를 볼 때 백제에 궁녀가 있었던 것은 분명한 듯하다. 하지만 의자왕 삼천궁녀설은 중국을 본뜬 과장일 뿐 한반도 일부에 할거한 백제가 그 정도 수의 궁녀를 둔다는 것은 사실상 불가능한 일이었다고 봐야 할 것이다. 한편 《삼국사기》 제39권 직관職官조에 다음과 같은 여성 주도의 관청명이 보인다.

조하방朝霞房
직무 : 조하문朝霞紋의 비단을 짜는 곳
정원 : 모母 23명

염궁染宮

직무 : 염색을 맡아보는 곳

정원 : 모 11명

소전跣典

정원 : 모 6명

홍전紅典

정원 : 모 6명

소방전蘇芳典

정원 : 모 6명

찬염전攢染典

정원 : 모 6명

표전漂典

직무 : 세탁 담당

정원 : 모 10명

침방針房

직무 : 바느질 담당

정원 : 모 16명

금전錦典

직무 : 비단 짜기

비고 : 경덕왕이 직금방織錦房으로 고쳤다가 환원함.

아니전阿尼典

정원 : 모 6명

비고 : 아니阿尼는 아무阿母, 즉 유모인 듯하다.

기전綺典

정원 : 모 8명

비고 : 면직방綿織房은 경덕왕이 별금방別錦房으로 고쳤다가 후에 다시 환원함.

이를 보아 후대와 약간의 차이는 있겠지만 신라시대에 이미 궁녀 제도가 정착해 있었음을 알 수 있다. 이들이 단순한 노동만을 제공하는 여관이었는지 아니면 왕을 모시는 임무를 맡은 여인이 있었는지는 정확하지 않으나, 백제의 사례에서 보듯 신라에서도 왕을 모시는 여러 명의 여인이 존재했었다고 보인다.

고려시대의 내직은 초기에는 일정한 직제 없이 후비后妃 이하를 원부인院夫人, 궁부인宮夫人 등으로 부르다가 현종(1010~1031) 때 중국의 예에 따라 귀비貴妃, 숙비淑妃 등의 후궁後宮직과 상궁尙宮, 상침尙寢, 상식尙食, 상침尙針 등의 궁관직을 마련했다. 정종(1035~1046) 때는 후궁들을 원주院主, 궁주宮主 등으로 불렀고, 문종 때는 귀비와 숙비를 정1품으로 하는 등 내직의 품계를 정비했다. 충선왕 때는 궁주를 옹주翁主로 고쳤고 택주宅主라 칭하기도 했다.

한편 이성계가 고려왕조를 멸망시키고 조선을 건국하자 고려 왕궁에 있던 궁녀들은 고려왕에 대한 충성과 절개를 지켜 집단적으로 궁성을 뛰쳐나왔다. 그리고 지금의 황해북도 장풍군 월고리의 동남쪽에 있는 마을로 들어가 이성계에 대한 반항의 표시로 자결했는데, 이때부터 이 마을을 궁녀동이라고 했다는 설화가 전해진다.

조선을 건국한 이성계는 즉위 6년(1397) 상서사판사尙瑞司判事 조준趙浚, 정도전鄭道傳 등의 주청에 따라 조선왕조 처음으로 궁녀의 작호와 품계를 세우게 된다.

당시 여관의 관직 중 현의賢儀(1품), 숙의淑儀(2품), 찬덕贊德(3품), 순성順成(4품) 등 4개 관직은 왕의 후궁에 해당하고, 그 뒤에는 상궁으로부터 사식司飾까지 정5품부터 종9품까지의 궁녀직을 두었다. 이를 구체적으로 살펴보면 다음과 같다.

상궁 : 3인 중 정5품 1인, 종5품 2인

상관尙官 : 3인 중 정6품 1인, 종6품 2인

가령家令 : 4인 중 정7품 2인, 종7품 2인

사급司給 : 4인 중 정8품 2인, 종8품 2인

사식 : 4인 중 정9품 2인, 종9품 2인

이후 태종조에 오면 왕의 후궁인 현의, 숙의, 찬덕을 2명에서 1명으로 줄이고, 4품 후궁인 순성은 순덕順德으로 이름을 바꾸게 된다. 또한 일반 궁녀의 관직으로 사의司儀 2명, 사침司寢 1명, 봉의奉衣 2명, 봉선奉膳 2명을 두었다.

조선시대에는 중국의 삼천 궁녀에 빗대 삼백 궁녀라 하여 수백 명의 궁녀가 있었다.

조선조에는 대략 500~600명 정도의 궁녀가 있었던 것으로 추정되는데, 영조 때 학자인 이익李瀷이 지은 《성호사설》에는 조선 궁녀의 총수가 684명이라고 적고 있다.

비록 한때이기는 하지만 연산군 시절에는 궁녀의 수가 1,000여 명에 이른 적도 있었다. 이는 《연산군일기》 12년 7월 18일자 기사가 뒷받침하고 있다. "왕이 금표 안길을 따라 두모포(한강 옥수동 부근 포구)에 놀이를 가는 데 이때 1,000여 명의 궁녀가 뒤따랐다"는 내용이다.

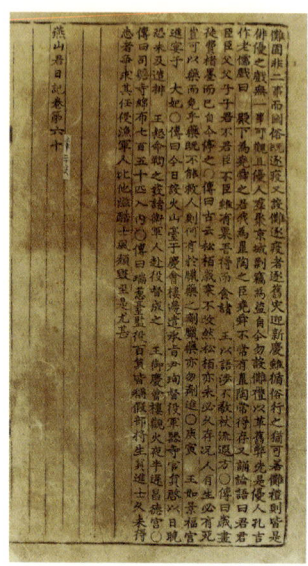

《연산군일기》. 연산군은 많은 궁녀들을 거느렸던 만큼 그녀들에 대한 사랑 또한 각별했다. 그는 아들이 없는 궁녀를 제사 지내는 사당인 영혜서를 효사묘 안에 지었다.

궁녀의 범위

궁녀 제도는 고려 현종조에 들어서면서 조선조와 같은 상궁, 상침尚寢, 상식尚食, 상침尚針의 직명이 생겨나게 된다. 이후 여러 번의 변천을 거치면서 조선 성종조에 비로소 내명부의 직제가 정착되어 《경국대전》에 실리게 된다.

이제 조선조를 기준으로 궁녀의 범위를 알아보자. 궁녀는 내명부의 총칭이다. 일반적으로는 상궁과 나인만을 의미하지만, 나인들과 그 아래 하역을 맡은 무수리, 취반비炊飯婢, 수모水母, 파지巴只, 방자房子, 손님과 기타 내의원內醫院의 의녀醫女, 장악원掌樂院의 여령女伶, 상의원尙衣院의 침선비針線婢 등이 모두 포함된다.

이 중 방자와 손님은 후궁이나 상궁 혹은 나인 개인에게 소속된 하녀였고 무수리, 수모, 파지는 각 처소에 소속된 하녀였다. 취반비의 주된 임무는 궁녀의 처소에서 식사를 준비하는 일이었다.

넓은 의미의 궁녀에 포함되는 무수리는 각 처소에서 막일을 담당하는 여인들로서 물 긷기와 불 때기가 주 임무였다. 또한 방자는 상궁이 비번 날 살게 되는 궁궐 안 개인의 처소에서 부리던 가정부, 식모食母, 찬모饌母 등의 총칭이다. 이들의 월급은 국가에서 지불했으며 각심이라고도 했다.

이 외에 손님은 왕의 후궁으로서 당호堂號가 내려지고 독립 세대를 영위하는 여인의 집에서 살림을 맡아 하던 일종의 가정부에 해당된다. 손님이라는 이름은 궁 밖에서 온 사람이라는 뜻으로 다른 궁중의 시녀들, 곧 무수리나 각심이 등과는 다르게 예의를 갖추어주는 말로 보인다. 의녀는 궁중의 내의원에 소속되어 있는 여성으로 18인이 있었다.

마지막으로 궁중 연회에서 춤과 노래를 담당했던 장악원의 여령이 있었다. 내전 입진入診을 담당했던 내의원의 여의와 의복을 제작했던 상의원의 침선비, 한성부 각 관아의 관비, 또는 충청도·경상도·전라도, 즉 삼남읍비三南邑婢들 중 나이 어리고 용모가 아름다우며 영특한 자 중에서 선발했는데, 나이가 들어서는 다시 본읍으로 돌려보내 궁 안에서 연행되던 가무들을 각 지방에 널리 보급하게 했다.

좁은 의미의 궁녀라고 일컫는 나인과 상궁도 구분이 명백했다. 보통 궁녀에는 세 가지 등급이 있었었는데 상궁, 나인, 애기나인으로 나누어졌다. 이들도 입궁 시기와 소속 부서에 따라서 높낮이에 차이가 있고 그들 나름대로 위계질서가 형성되어 있었는데, 가장 높은 위치에 있는 것이 상궁이었다.

　상궁 밑으로는 나인이 있었으며, 이들의 역할은 상궁과 거의 같았지만 주로 상궁의 보조 역할을 했다. 나인 아래에는 견습 나인인 애기나인이 있었다. 궁녀의 출신 계급은 지밀과 침방, 수방은 중인, 기타 부서는 상민 출신으로 충원되었다.

궁녀의 선발과
일생

 궁녀의 선발

그렇다면 궁녀는 어떤 과정을 거쳐 선발했을까? 궁녀들은 한 번 입궁하면 특별한 일이 없는 한 궁을 나갈 수 없었으므로 민간에서는 딸을 궁녀로 들여보내는 것을 기피했다. 그래서 궁녀로 입궁하는 소녀들은 매우 가난하거나 특별한 사연이 있는 경우가 많았다. 쌀 너 말의 보수를 받기 위해(애기나인 기준) 또는 사주팔자가 세다는 점쟁이의 말을 믿고 딸을 들여보내는 경우가 많았던 것이다.

실록에서는 세종조와 연산군조에 왕이 친히 궁녀를 선발했다는 기록을 확인할 수 있다. 《한중록閑中錄》에 의하면 영조조

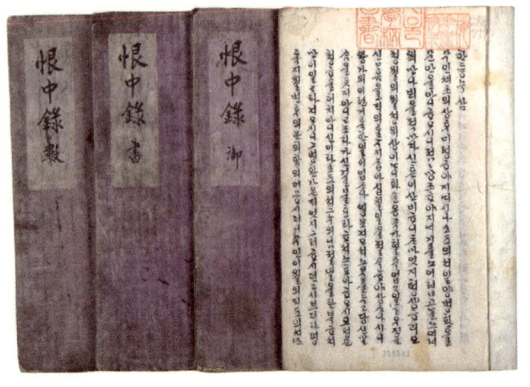

혜경궁 홍씨가 쓴 《한중록》. 친정 집안을 비호하려는 혜경궁 홍씨의 정치적인 의도가 깔린 책이라는 설이 있다.

에는 세자빈이 단독적으로 뽑기도 했다.

궁녀의 선발은 정기 선발의 경우 10년마다 한 번씩 있었다고 하는데 구한말에 오면 지밀 외의 처소에서는 4년에 한 번씩 뽑았다. 하지만 늙은 궁인이 사망하거나 질병으로 출궁하는 등 유고시에는 그 공백을 메우기 위해 수시 충원도 했다. 이때는 소속 처소의 상궁이 담당 부서의 나인들을 인솔하고 나가서 직접 뽑았다.

부서를 막론하고 궁녀 선발에는 공통된 기준이 있었다. 첫째, 선조 중에 강도나 역적 등 죄 지은 자가 없을 것. 둘째, 선조나 가까운 친척 가운데 중병을 앓은 자가 없을 것이다. 요즘말로 하자면 신원조회를 해서 하자가 없어야 하고 유전학적으로도 결함이 없어야만 했던 것이다.

한 가지 흥미로운 사실은 앵무새 피를 이용한 '처녀 감별법'이 있었다는 것이다. 처녀만 궁녀가 될 수 있다는 법도 때문에 '금사미단金絲未斷(처녀막이 끊어지지 않았다는 뜻)'의 판정을 받아야 비로소 입궁이 허락되었다. 의녀가 앵무새의 생피를 처녀의 팔뚝에 떨어뜨려 피가 묻으면 처녀로 인정했고, 안 묻고 흘러내리면 처녀로 인정하지 않았다.

오늘날의 관점에서 보면 비과학적인 미신에 불과하겠지만 구한말까지만 해도 궁중에서는 이것을 믿고 시행했다. 아마도 이는 처녀가 경망스러운지 아닌지 조신성을 살피고서 처녀 유무를 판단하고자 한 것인 듯하다.

이렇게 해서 심사를 통과한 소녀의 집에는 치마저고리와 바지감용으로 흰 명주 한 필을 하사했다. 그리고 적당한 날을 정해 입궁시켰다.

생각시 시절

궁녀들이 궁으로 들어가는 나이는 보통 10세 전후였다. 개화기가 되면 더욱 낮아져서 10세 미만에 입궁하는 것이 일반적이 되었다. 개중에는 4세 궁녀, 5세 궁녀도 있었다.

이들이 배치되는 부서로는 왕과 왕비의 거처에서 번을 서며 보필하고 잠자리를 책임지는 지밀, 왕실 가족의 옷을 짓는 침방, 의복과 장식물에 수를 놓는 수방, 수라상 및 음식물을 준비하는 내소주방, 손님 접대용 찻상과 잔치 음식 등을 준비하는 외소주방, 세숫물과 목욕물을 준비하고 내전 청소를 맡는 세수간, 음료와 과자를 만드는 생과방, 빨래부터 다듬이질, 다리미질 등 세탁 전반을 담당하는 세답방, 궁중에서 사용하는 등불을 준비하는 등촉방燈燭房 등이 있었다. 이들 중 지밀이 가장 어린 4~8세에, 침방과 수방은 6~13세에, 그 외에는 12~13세에 입궁하는 것이 일반적이었다.

이렇게 선발된 어린 견습 나인을 애기나인 또는 생각시라고 했다. 이들을 생각시라 한 것은 생머리를 하고 지냈기 때문이라고 한다. 이 생각시들의 수발을 드는 무수리나 비자婢子 같은 하녀들은 이들을 부를 때 '생항아님', 또는 '애기항아님'이라고 불렀다. 그렇다고 애기나인 모두가 생머리를 한 것은 아니다. 지밀과 침방, 수방만이 생머리를 했고 나머지는 땋은 머리를 했는데 이들은 생각시가 아닌 그냥 각시로 불리곤 했다.

지밀의 경우 7,8세가 되면 나인들 중에 선생을 정해 본격적인 나인 수업을 받았다. 수업 과목은 궁중 용어와 예절, 한글과 궁체 쓰기, 그리고 유교 윤리서인 《소학小學》과 동양 여성의 수신서인 《열녀전》, 《규범閨範》, 《내훈內訓》 등을 익혔다. 한편

6,7세에 입궁하는 침방과 수방에서는 인두 시중과 바느질법을 익혔다. 이들에게는 교양으로 한글과 《소학》 정도의 공부를 가르쳤다.

지밀의 경우 11,12세가 되면 번살이 예비 훈련이 시작되었다. 이들은 아직 어린 나이라서 밤 근무는 무리인지라 주간 근무에만 투입되었다. 애기나인들에게는 공포의 대상이 된 궁중 풍속이 하나 있었는데 그것은 '쥐부리 글려'라는 것이었다. 행사의 의미는 농작물에 피해를 입히는 쥐나 해충들의 입부리를 지지는 것이었는데 무언가를 태우는 형식이었다. 딸이 시집가기 전에 친정어머니가 벙어리 3년, 귀머거리 3년, 장님 3년으로 살라는 말을 해주듯이, 시집살이보다 더 힘들다는 궁궐 생활을 잘 마치려면 입조심을 해야 한다는 뜻이 담겨

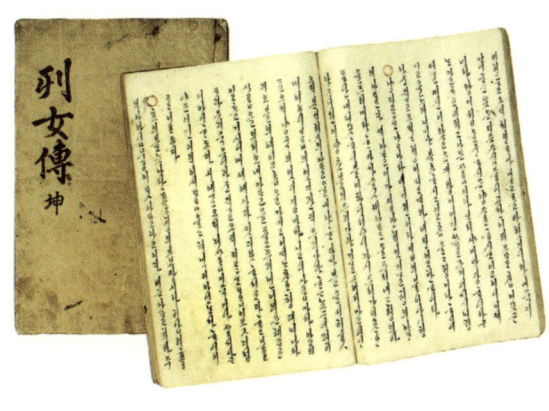

《열녀전》. 중국의 여러 문헌에 기재된 뛰어난 여성들의 행적을 발췌하여 번역한 책으로서 2권 2책이다.

있었다.

 세종조에 궁녀의 도망 사건에 연루된 시녀와 방자 등 85인을 의금부에 내려 취조하게 한 적이 있었다. 태종의 딸 숙근옹주는 태종과 궁녀 사이에 태어난 딸로 권공權恭에게 시집갔는데, 옹주가 몸종 고미古未를 데리고 수강궁에 들어가자 고미가 담을 넘어 달아난 것이었다. 왕실에서는 궁녀가 도망쳤다는 기강의 문제보다 궁중의 기밀이 궁 밖으로 누설될 것을 더 염려했다.

 《세종실록》 26년 10월 14일자 기록을 통해 사건 속으로 들어가보록 하자.

> 서울과 지방으로 널리 수색해 잡아서 옥에 가두고 다스렸는데 사건에 걸려든 자가 무려 100여 명이나 되었다. 이들을 경복궁 밀실에 가둔 후, 진양대군 이유李瑈, 광평대군 이여李璵, 금성대군 이유李瑜와 좌부승지 황수신黃守身 등이 문초하여 죄 없는 자는 놓아 보내고 죄 있는 자를 의금부에 내렸는데, 수백 번이나 매를 때려도 승복하지 않아 압슬형壓膝刑까지 했다. 왕이 혹시 궁인이 담을 넘어 외부인과 사통하지나 않았을까 염려했기 때문에 끝까지 옥사를 다스리게 했지만 겨울에서 봄까지 가도 실상을 알아내지 못했다.

태종조에도 궁중의 말을 누설한 궁녀 10명을 궁 밖으로 내친 기록이 보이고 연산군 때는 김괴金塊가 웃전에 관한 말을 누설한 궁녀를 고발하여 당상관인 통정대부通政大夫에 제수된 기록이 보인다.

궁녀들은 입궁한 지 15년이 되면 관례를 올리고 정식 나인이 되었다. 이들의 관례는 말이 성인식이지 결혼식이나 다름없었다. 말하자면 신랑 없는 결혼식이었던 것이다.

관례 날을 위해 웃전에서는 겉옷감 외에 명주, 모시, 무명, 베를 각각 한 필씩 하사했다. 한편 성인식을 치르는 어린 나인의 친정집에서는 버선, 누비바지, 속치마는 물론 장롱과 잔치 음식까지 준비해 궁 안으로 들여왔다.

이들의 머리 장식은 지밀과 침방, 수방의 경우는 어여미於汝美였고, 그 밖의 경우는 모두 화관花冠을 썼다. 또한 이날은 원삼 위에 삼작노리개를 차고 분홍색 당혜唐鞋를 신었다. 특히 노리개는 왕족과 양반 출신의 여인만이 찰 수 있었지만 이날만은 예외적으로 허용했다. 이렇게 관례를 치르고 나면 이때부터는 정식 나인이 되는 것이었다. 수습 기간을 마치고 정식 여자 관리가 되는 것이다.

정식 궁녀가 되고

이렇게 정식 나인이 되면 마음 맞는 친구와 둘이서 방을 꾸미고 세간을 장만해 가정을 꾸미게 된다. 그들에게는 처소를 청소하고 밥을 짓는 등 잡일을 도와주는 각심이라는 하녀를 하나 붙여줬다.

함께 동거하는 나인들은 서로에 대해 벗 혹은 방동무라고 지칭했다. 이렇게 함께 생활하면서 궁녀들은 다소나마 외로움을 덜 수 있었다. 그러나 한창 꽃다운 나이로 외출조차 쉽지 않았던 그녀들의 외로움은 견디기 어려웠을 것이다.

어느 궁녀가 지었다는 다음과 같은 시조를 통해 그 외로움의 정도를 짐작해볼 수 있다.

> 앞 연못에 사는 고기들아, 누가 너희를 몰아넣었기에 이곳에 살고 있느냐.
> 넓은 바다, 맑은 연못을 어디 두고 이 연못에 와 사느냐.
> 들어와서 못나가는 심정은 너와 내가 다르랴.

정식 나인이 된 궁녀들은 서로를 부를 때 '김씨 형님' 혹은 '박항아님' 등으로 불렀으며, 선배 상궁들은 그들을 부를 때 '이가 봉림', '성가 순아' 등으로 불렀다.

그렇다면 궁녀들은 어떤 식으로 근무를 섰을까? 일반적으로 지밀을 제외하고는 하루 근무하고 하루 쉬는 격일제가 원칙이었다. 하루 2교대이니 12시간 근무하고 36시간을 쉬는 셈이다. 다만 견습 나인이나 60세 이상 된 나이든 상궁은 정상을 참작해 야간 근무를 면제해주어 아침에 올라갔다가 저녁에 내려오는 주간 근무만 격일제로 했다. 정상 근무의 경우 식전(진시辰時, 오전 7~9시)에 아침을 먹고 올라가면 오후 3시쯤(미시未時, 오후 1시~3시)에 늦은 번과 교대했다. 따라서 궁녀들에게는 여가 시간이 많았다고 볼 수 있다.

궁녀의 교육

조선시대 궁녀에게는 공식적인 교육이 없었고 교육기관도 따로 없었다. 대신에 도제식 교육이나 현장 실습 교육으로 이루어졌다. 열 살 안팎에 입궁하는 궁녀들은 돌보는 선배 궁녀가 개인적으로 지도해주거나 선배 궁녀들이 하는 일을 옆에서 보면서 따라 하는 식으로 필요한 기능을 습득했다. 이 같은 도제식 교육과 현장 실습 교육이 비록 공식 교육은 아니었지만 보통 수년에 걸쳐 이루어졌고 이를 통해 궁녀들은 관련 분야에서 전문가로 성장할 수 있었다.

이러한 업무 관련 교육 이외에 기초 교양 교육도 있었다. 10세 미만의 애기나인들은 한 방에 한 명씩 선배 상궁이 배치되어 그 밑에서 양육되다가 7,8세 무렵부터 기초적인 교양을 쌓았다. 장래 왕의 후궁이 될지도 모르는 지밀 생각시들은 《동몽선습童蒙先習》, 《소학》, 《내훈》, 《열녀전》에서부터 시작해 궁체 연습까지 다양하게 교양을 쌓았다.

나인이 되어서도 공부는 계속 이어져서 능력과 적성에 따라 경서류經書類까지도 배웠지만 사실상 이 정도까지 공부하는 궁녀는 드물었다. 한글 궁체 연습은 장기간 계속되었다. 문안 편지나 궁중발기에 쓰는 궁체가 하나의 장르를 형성하고 있었는데, 궁녀들은 궁체의 달인이 되기 위해서 꾸준히 서예 연습을 했다. 그렇게 해서 왕비나 왕대비의 편지를 대필하는 일까지도 할 수 있었던 것이다. 지밀나인 외 처소나인의 경우는 한글을 익히는 정도가 보통이었다.

마침내 상궁이 되어

정식 나인이 되고 나서 다시 15년이 지나면 여관의 최고직인 상궁의 자리에 오를 수 있었다. 상궁에게는 위에서 친히 〈상궁봉첩식尙宮奉牒式〉이라는 첩지牒紙(임명장)를 하사했다.

상궁에 가장 일찍 올라갈 수 있는 부서는 4,5세에 입궁하는 지밀로서 34,35세가 되면 상궁이 되었다. 15,16세에 입궁하는 다른 처소의 경우에는 45세는 되어야 상궁의 자리에 오를 수 있었다.

상궁이 비번 날 거처하는 살림집에는 가정부에 해당하는 각심이와 옷을 짓는 침모針母를 한 명씩을 두었다. 또한 친척 중에 들어와서 살림을 맡아주는 손님이 있었다. 제조상궁의 경우에는 각심이를 둘 이상 거느리고 침모와 나인도 한 명씩 있었다. 이들의 급료는 모두 나라에서 지급했다.

하지만 모든 사람이 기한을 채워야 상궁이 될 수 있는 것은 아니었다. 여기에도 예외가 있었으니 그것이 바로 특별 상궁 제도였다. 왕의 승은承恩을 입어 후궁이 되면 이십대에도 상궁이 될 수가 있었는데 이를 승은상궁承恩尙宮이라고 불렀다. 이런 궁녀는 왕의 자손을 낳기 전에는 상궁으로 머물게 되지만 대신 궁녀의 기본적 임무들은 하지 않고 왕의 시중만 전담하게 된다. 광해군의 총애를 받은 김상궁, 일명 김개똥(金介屎)이나 상침 신씨는 모두 아이를 낳지 못한 승은상궁이었다. 이들이 왕의 자녀를 낳게 되면 종4품 숙원淑媛 이상으로 봉해지고 당호를 받아 독립 세대를 구성하게 된다. 왕의 후궁이 되면 궁녀로서의 직무는 면제되고 오로지 후궁으로서 왕의 시중만 들게 된다.

사도세자의 어머니인 영빈 이씨도 동궁 나인에서 정1품 빈궁에 오른 인물이다. 그러나 뭐니 뭐니 해도 조선 역사에서 가장 유명한 이는 왕비가 된 옥산부대빈玉山府大嬪 장씨, 즉 장희빈이었다.

승은상궁은 연공서열에 따라서가 아니라 임금의 총애를 입어 갑자기 품계가 올라가는 것으로, 과거에 자신이 상전으로 모시던 사람을 자신의 아래에 두는 경우가 많았기 때문에 이들과의 알력이 심했다.

《한중록》에 의하면 영빈 이씨가 사도세자를 만나러 세자의 처소인 동궁을 방문하면, 과거 경종의 대전나인이었던 동궁나인들이 영빈 이씨가 자신들보다 지체가 낮았다 하여 "후궁의 예를 갖추고 세자를 대하라"고 말하는 등 무례가 심했다고 한다.

왕비가 아닌 후궁은 자녀를 낳아도 어머니로 자처할 수가 없었으므로 자신의 자녀를 감히 '너'라고 부르지 못했다.《공사견문록公私見聞錄》에 따르면 효종의 후궁 안빈 이씨가 자신이 낳은 숙녕옹주를 '너'라고 불렀다가 효종이 진노해 중죄를 주려 했다고 한다. 이때는 인선왕후가 여러 번 간청해 겨우 처벌을 면할 수 있었다. 또한 선조의 후궁이었던 인빈 김씨는 아들과 딸이 자신에게 '어머니'라고 부르면 어쩔 줄을 몰라 하며 감당하지 못하는 것 같이 했다고 한다. 물론 인빈 김씨도 자녀들을 '너'라고 부르지 않았다.

상궁은 품계가 정5품이었는데 여기에도 맡은 직책에 따라 상하가 있었다. 상궁 중 최고의 자리는 제조상궁提調尚宮, 일명 큰방상궁으로 육백 궁녀를 거느리는 여관의 수장이었다.

다음으로 부제조상궁은 제조상궁 다음 자리이며 내전 곳간인 아랫고阿里庫, 下庫를 관리하는 직무를 맡고 있었다.

다음으로는 대령待令상궁 혹은 지밀상궁은 왕의 곁에서 왕명을 받드는 일을 맡았다.

그다음으로는 왕자와 왕녀의 양육을 맡은 보모상궁保姆尚宮과 지밀에서 서적을 관장하고 의식 때 글을 낭독하며 대소 잔치 때 좌우에서 아뢰거나 수행하는 일을 맡은 시녀상궁侍女尚宮이 있었다.

또한 궁녀들의 근무 태도와 행동을 감시하고 평가하는 감찰상궁監察尚宮이 있었는데, 이는 종6품의 상정尚正이 관장했으며 종8품의 전정典正이 업무를 보좌했다.

일반 상궁은 각 처소에서 아래 나인을 총괄하고 처소 소관의 모든 업무를 책임졌다. 이들

왕자와 왕녀의 양육을 맡아 시행했던 보모상궁 김씨의 비석

은 모두 10계 관계에 27명이 있었다. 그 외에도 상궁이 되지 못한 나이 든 궁녀에게 예우 차원에서 듣기 좋게 말로만 불러주는 '입상궁'이란 것도 있었다. 상궁은 나이가 차면 누구나 오를 수 있는 게 아니었다. 인조 1년(1623)의 기록을 보면 나인 갑이甲伊가 70세, 경춘慶春이 65세, 중환仲還이 52세 등 고령의 나이에도 불구하고 상궁의 자리에 오르지 못하고 계속 나인으로 근무하고 있다.

상궁들의 품계와 임무를 구체적으로 살펴보면 다음과 같다.

상궁尚宮(정5품) : 왕비를 인도하며 종6품 상기尙記와 종7품 전언典言을 통솔한다.

상의尙儀(정5품) : 일상생활의 모든 예의와 절차를 맡고 정7품 전빈典賓과 정8품 전찬典贊을 통솔한다.

상복尙服(종5품) : 의복과 수로 무늬 놓은 채장을 공급하고 정7품 전의典衣와 정8품 전식典飾을 통솔한다.

상식尙食(종5품) : 음식과 반찬을 준비하며 정7품 전선典膳과 정8품 전약典藥을 통솔한다.

상침尙寢(정6품) : 왕을 일상으로 뵐 때와 왕이 옷을 입고 먹는 일을 진행하는 순서를 맡으며 종7품 전설典設과 종8품 전등典燈을 통솔한다.

상공尙功(정6품) : 여공女工의 과정을 맡고 종7품 전제典製와 종8

품 전채典彩를 통솔한다.

　상정尙正(종6품) : 궁녀의 품행과 직무 단속 및 죄를 다스린다. 종8품 전정典正을 통솔한다.

　상기尙記(종6품) : 궁내의 문서와 장부의 출입을 담당한다. 상궁을 보좌한다.

　전빈典賓(정7품) : 손님의 접대, 신하가 왕을 뵐 때의 접대, 잔치 관장, 왕이 상을 주는 일 등을 맡는다.

　전의典衣(정7품) : 의복과 머리에 꽂는 장식품의 수식을 맡는다.

　전선典膳(정7품) : 음식을 삶고 조려 간에 맞는 반찬을 만든다.

　전설典設(정7품) : 장막을 치고 돗자리를 준비하며 청소하는 일과 물건을 베풀어놓는 일을 담당한다.

　전제典製(종7품) : 의복을 제작한다.

　전언典言(종7품) : 백성에게 널리 알리고 왕에게 아뢰는 중계 구실을 담당한다.

　전찬典贊(정8품) : 전빈과 같다.

　전식典飾(정8품) : 머리를 감고 화장하는 일과 세수하고 머리 빗는 일을 담당한다.

　전약典藥(정8품) : 처방에 따라 약을 달인다.

　전등典燈(종8품) : 등불과 촛불을 맡는다.

　전채典彩(종8품) : 비단과 모시 등 직물을 맡는다.

　전정典正(종8품) : 궁관의 질서를 바르게 하는 일을 돕는다.

주궁奏宮(정9품) : 음악에 관한 일을 맡는다.
주상奏商(정9품) : 음악에 관한 일을 맡는다.
주각奏角(정9품) : 음악에 관한 일을 맡는다.
주변치奏變徵(종9품) : 음악에 관한 일을 맡는다.
주치奏徵(종9품) : 음악에 관한 일을 맡는다.
주우奏羽(종9품) : 음악에 관한 일을 맡는다.
주변궁奏變宮(종9품) : 음악에 관한 일을 맡는다.

한편 세종 12년(1439)에는 당나라 태자궁에 준해 동궁의 내관제가 제정되었으며 세자의 품위도 정해졌다. 동궁의 내관 직제는 왕의 내관에 비해 등급이 낮고 규모도 작았다. 동궁의 내명부는 총 13명으로 내관(후궁)에는 양제良娣, 양원良媛, 승휘承徽, 소훈昭訓 등 정2품에서 정4품까지 각 1명을 두었고, 궁관으로는 종6품 사규司閨에서 종8품 장의掌醫까지 9명을 두었다.

궁녀의 말년과 죽음

궁녀들이 궁을 나갈 수 있는 길은 몇 가지가 있었다. 그 첫째가 날이 가물었을 때 궁녀를 방출하는 경우였다.

이는 조선조에서 날이 가물면 의례히 행해져서 마치 관습이 되다시피 한 제도였다. 가뭄에 궁녀를 내보냈던 이유는 결혼하지 못한 여인의 한이 하늘에 닿아 날이 가물다는 것이었다. 이들의 원통한 마음을 풀어줘야만 가뭄이 해소된다고 믿었던 것이다. 오늘날 사람들의 생각으로는 비과학적으로 여겨질지 모르지만 나라를 다스리는 임금으로서는 물에 빠진 사람이 지푸라기라도 잡는 심정으로 이를 따랐을 것이다. 하지만 가뭄에도 내보낼 궁녀가 없어서 못 내보낸 경우도 있었으니, 숙종 4년(1678) 5월 13일자 기사에는 "김덕원金德遠이 한재旱災 때문에 궁녀를 내보내기를 청하니 임금이 수효가 많지 않다고 이를 어렵게 여겼다"는 기록이 보인다.

실록에는 당 태종이 날이 가물어 3,000명의 궁녀를 내보낸 이야기가 나오며 여러 차례에 걸쳐 궁녀를 내보낸 기록이 보인다. 《익재난고益齋亂藁》에 우리나라 최초의 대량 방출 기록이 보이는데 고려 현종이 전왕의 궁녀 100명을 놓아 보냈다는 기사이다.

이후 조선조가 들어서자 태종 15년(1415) 궁녀 3~4명을 방출한 것을 시작으로 세종 26년(1444)에는 45명을, 현종 10년(1669)에는 10여 명을, 숙종 10년(1684)에는 십수 명, 11년(1685)에는 25명을, 영조 26년(1750)에는 45명, 29년(1753)에는 37명, 41년(1765)에는 30명을 각각 내보냈다. 이 중 영조 41년 방출의 경우는 가뭄과 관련 없는 예외적인 경우로 성질

신무문의 모습. 경복궁의 북문으로 이 문 밖에 질병가가 있었다.

이 조급하고 사나운 궁녀가 우물에 빠져 죽자 왕이 측은히 여겨 다른 궁녀들까지 집단으로 내보낸 것이었다.

둘째는 중병에 걸려 더 이상 궁녀로서 업무 수행을 하기가 어려운 경우이다.

궁녀들은 병이 들면 경복궁의 북문인 신무문 밖에 있던 질병가疾病家로 나와 나을 때까지 치료를 받으며 요양했다. 병이 나으면 다시 입궁이 되지만 나을 가망이 없다고 여겨지면 궁녀의 직을 파하고 사가私家로 돌려보냈다.

《연산군일기》10년 7월 15일자 기사에는 "신무문 밖 질병가"에 관한 내용이 있어 질병가의 위치를 가늠해볼 수 있다. 《연산군일기》 6년 2월 6일자 기사에는 "질병가는 궁인이 피병하는 곳이니 인가와 서로 섞여 있을 수 없다"며 선공감 제조에게 명해 100보 안의 인가를 모두 헐게 한 기사가 보인다. 동왕 10년 11월 14일자 기사에서는 왕이 전교를 내리면서 "질병가 50칸은 매 1칸에 3인이 거처할 수 있도록 하려 하니 미리 그 재목을 준비하라"고 명한 대목도 확인된다. 또한 동왕 11년 11월 28일자 기사에는 "질병가에 혜민서惠民署와 전의감典醫監에서 의술에 정통한 자 4명을 골라 배정하고, 사활司活이라고 부르라"고 한 기록도 보인다. 동왕 12년 6월 23일에는 이름을 '피조가避調家'로 고치게 한 기사가 보이며,《중종실록》 11년 1월 9일자 기사에는 이명필李明弼의 집을 인수궁과 서로 바꾸어 질병가로 삼게 한 기록이 보인다.

셋째, 자신을 모시던 상전이 죽었을 경우이다. 인조 기묘년(1639, 인조 17) 옥사에 억울하게 죽임을 당한 궁녀 기옥근玉과 서향西香이 자신이 모시던 인목대비가 죽자 출궁되었다가 다시 불러 재입궁했고, 사도세자의 승은을 입었던 수칙守則 이씨와 궁녀였던 그 이모 또한 자신이 모시던 상전의 죽음으로 출궁되었다.

넷째, 늙어서 더 이상 궁녀로서 업무 수행이 불가능한 여인들도 퇴직해 궁을 나와야만 했다. 이는 왕족 외에는 궁에서 죽을 수 없다는 엄격한 법도 때문이었다. 임진왜란 이후 창덕궁을 정전으로 썼을 때는 뒷문인 요금문을 통해 대궐을 나와야 했다. 즉 궁녀들은 한 번 입궐하면 죽을 때까지 궁을 못 나간 것이 아니라 늙어서 근무 능력을 상실하게 되면 퇴직하여 죽기 전에 궁을 나갔던 것이다.

실제로 세종 1년(1419) 5월 26일자 기사에는 신하들이 "궁녀가 집에 왕래하는 것을 허락하면 궁중의 일을 누설할 것이고 나이가 들게 되면 궁중에는 머무는 것이 마땅치 않으니, 다시 연소한 자를 택하여 갈아들여야 합니다"라고 하자 왕이 동의했다는 기록이 보인다. 또한 《택당집澤堂集》에는 "나인 진씨는 본래 덕빈궁(순회세자빈 궁)의 상궁으로서 선조 때를 거쳐 세 임금을 차례로 모셔 오던 중 계축년(1613, 광해군 5)의 옥사에 걸려들었다가 다행히 죽음을 면하고 나이가 많다는 이유로 방출된 상태에서 숨을 거두었다"는 기록이 있다. 상궁 삼척 김씨의 경우는 경종 3년(1723) 91세의 나이로 죽었는데, 영조 33년(1757) 왕이 예관禮官에게 명하여 그 집에 정문을 세우게 하고 '오조 궁인 구십일세 상궁 삼척 김씨 정충지문五朝宮人九十一歲尙宮三陟金氏旌忠之門'이라는 어제御製를 써서 내리기도 했다.

현재 서울시 은평구 갈현 2동 수국사 인근에는 '궁말길'이라는 골목길이 있다. 향토사학자인 이성영 씨의 증언에 의하면 이곳에는 조선조 말까지 궁궐에서 퇴직하고 물러나온 궁녀들이 20~30가구씩 거주했다고 한다. 이 때문에 이 일대를 궁말宮洞이라 불렀다는 것이다.

한편 궁말 인근인 110번지에는 순종조 부제조상궁을 지낸 천일청千淸 상궁(1850~1935)의 묘가 1970년까지 남아 있었는데 도시 개발로 인해 다른 곳으로 이장되었다. 또한 김상궁 묘도 궁말 일대에 있었으며 '궁인 홍빈지묘宮人洪嬪之墓'라는 비석이 발견되기도 했다.

조카 천병기 씨의 증언에 의하면, 천일청 상궁은 대소변을 겨우 가리는 4세에 입궁해 헌종의 계비 명헌왕후 홍씨의 전에 들었는데, 아기가 없던 홍씨가 수라상 머리에서 재롱을 보며 기르기 위해서였다고 한다. 어린 애기나인은 홍씨를 "때때마마"라고 불렀다. 이때 너무 어려서 궁에서 재우지 못하고 하인이 아침저녁으로 남색 보자기에 씌워서 업고 드나들었다고 한다.

삼축당 김씨의 증언에 따르면 아리고 새채방에 평생 동안 왕비의 큰머리만 전문으로 만들어 온 상궁이 있어서, 공출되어 온 다리(髢子)를 가지고 머리처럼 곱게 땋아서 밀초로 붙여 실물같이 만들었다고 한다. 한말에는 덕수궁 부제조상궁(아릿고상궁)으로 있던 천일청 상궁이 전문적으로 맡았다. 그녀는 훗날 궁에서 나와 관악구에 거주했다가 1935년 종로구 창신

동에 있는 조카 천병기 씨의 아버지 집에서 향년 86세로 작고했다. 한편 천병기 씨는 필자에게 1970년대 선영 일대가 재개발되면서 건설업체가 천일청 상궁의 묘를 어디로 이장했는지 물어온 적이 있다. 문중에서는 결코 이장한 적이 없다는 것이다. 다행히 2010년 필자와 천병기 씨가 답사를 통해 알아본 결과 이장 전 위치를 확인할 수 있었는데 지금은 연신내 시장 안 수산집으로 탈바꿈해 있었다. 이곳은 연신내에서 좌월로 가는 길을 따라가다가 큰 소나무가 들어선 길가인데 인근에서는 보기 드물게 석물이 많았다고 한다.

또한 산 30번지 우남아파트 뒤편으로는 조선 후기 상급 상궁의 묘소 5기가 있었는데 1970년 도시 개발로 화장했다. 화장 당시 한 무덤에서는 매우 오래되었지만 썩지 않고 바싹 마른 미라가 나왔다. 고양시 일산구 정발산 아래에도 1990년대 초까지 상궁 안동 김씨의 묘가 있었다. 《고양군지》의 사진을 보면 당시 묘역에는 문인석과 표표, 상석, 망주석, 향로석 등이 있었던 것을 확인할 수 있다.

그렇다면 궁녀들은 죽으면 어떤 곳에 묻히는 것일까? 우리는 궁녀가 죽으면 화장을 원칙으로 하는 것으로 알고 있다. 그러나 이는 사실과 다르다. 퇴직해 살다 죽은 궁녀는 생가의 선영에 토장土葬했고, 화장한 경우는 절로 들어가 비구니가 되어 일생을 마친 경우로 불교식 장례법인 다비(화장)를 했다.

그동안 필자가 궁녀의 묘들을 살펴본 결과 궁녀들은 죽으면 친정 쪽 선영에 묻혔음을 확인할 수 있었다. 은평구 진관동 이말산의 임상궁 묘와 이상궁 묘, 은평노인복지관 뒷산에 있던 상궁 김해 김씨 묘, 고양시 정발산에 있었던 상궁 안동 김씨 묘, 노원구 월계동 초안산의 상궁 개성 박씨 묘, 월계동 영축산의 상궁 밀양 박씨 묘와 상궁 선산 천씨 묘 등이 모두 선조가 묻힌 선산에 있다.

학림사에 있는 상궁 부도의 모습

한편 화장을 한 경우는 다음과 같았다. 현재 서울 상계동에 위치한 유서 깊은 사찰인 학림사에는 궁궐에서 나와 이곳에서 만년을 보내다가 죽은 '상궁 연화尙宮蓮華'의 이름이 기록된 부도탑이 남아 있

북한산에 있는 김상궁 정광화의 사리탑

다. 이것으로 그녀가 죽어서 화장을 당했음을 알 수 있다. 또한 우이동 도선사 인근 북한산 바위에도 화장한 유골을 넣은 김상궁 정광화淨光花의 사리탑이 남아 있다.

다섯째, 죄를 지어 쫓겨나거나 혹은 왕의 특명이 있으면 궁을 나갈 수 있었다. 영조 10년(1734)에는 어기御器를 훔친 궁녀를 사형에서 감하여 귀양 보낸 적이 있었다. 또한 《숙종실록》 20년 4월 17일자 기사에는 "정숙正淑이라는 궁녀가 임금을 업신여기고 조금만 원망이 있으면 임금에게 반드시 갚으므로 절도로 귀양 보냈다"는 기록이 보인다.

왕의 특명으로 출궁한 대표적인 사례는 숙종의 명으로 궁을 나간 임상궁의 경우이다. 현재 은평구 진관외동 산 78-6호 진관 근린공원(이말산)에는 임상궁의 묘가 남아 있다. 숙종 39년(1713) 5월에 세운 묘비의 내용은 다음과 같다.

> 임상궁의 본관은 옥구이며, 인조 13년(1635)에 동지중추부사同知中樞府事를 지낸 임효원林孝元과 어머니 해주 오씨 사이에서 태어났다.
>
> 나이 13세에 입궁한 그녀는 원손궁에 배속되어 30년간 훗날 현종이 되는 원손을 양육하는 임무를 맡았다. 숙종의 모후인 명성태후가 죽자 삼년상을 치르고 다시 장렬태후전에 이속되었는데, 태후마저 죽자 막내 여동생 명안공주의 죽음을 슬퍼하던 왕이 궁을 나가서 공주의 제사를 받들게 했다.
>
> 숙종 35년(1709) 11월 병으로 인해 향년 75세를 일기로 세상을 떠났다. 평소 그녀를 이모처럼 대하던 숙종은 그 공로를 잊지 못

해 관재棺材와 포백布帛을 하사하고 옥구 임씨 선영에 장사지냈다.

필자는 옥구 임씨 종친회장을 맡고 있는 임성호 씨를 임상궁 묘소에 안내한 바 있다. 이곳은 현재 은평 뉴타운 지역 안에 들어가 있는데, 현존하는 궁녀의 묘가 거의 없음을 감안할 때 초안산의 개성 박씨 묘, 밀양 박씨 묘, 선산 천씨 묘와 함께 문화재로 지정해 보전하는 것이 좋을 듯하다.

1,000명이 넘는 궁녀를 거느렸던 연산군은 많은 숫자만큼이나 그녀들에 대한 사랑 또한 각별했다. 연산군은 아들이 없는 궁녀를 제사 지내는 사당인 영혜서永惠署와 궁녀들의 상장喪葬을 맡아 치르던 광혜서廣惠署를 어머니의 사당인 효사묘孝思廟 안에 지었다. 이러한 연산군의 마음을 잘 알고 있던 승지 강혼姜渾은 연산군이 아끼던 궁녀의 죽음 때문에 상심해 있자 애사哀詞와 제문을 지어 마음을 사로잡았다. 숙종도 자신의 유모였던 보모상궁 윤씨의 제문을 친히 지은 적이 있었다.

현재 역촌동에 있는 사신성황당使臣城隍堂에는 고종 26년(1889) 5월에 왕실에서 내린 발원문이 남아 있는데, 상궁 갑신생 하씨, 상궁 경인생 윤씨, 상궁 신묘생 손씨의 이름이 적혀 있어 왕실의 궁녀들이 시주자로 참여했음을 확인할 수 있다. 원래 이곳은 고종비 명성황후의 원당願堂으로 왕실 굿당 중 하나였다.

사신성황당에서 발견된 봉축편액. 왼쪽으로 상궁 갑신생 하씨 등의 글씨가 보인다.

이외에도 역시 명성황후의 굿당이었던 진관외동 금성당에서 발견된 《서진관금성당인등시주책西津寬錦城堂引燈施主冊》에는 상궁 유씨와 상궁 김씨가 각각 오 냥씩을 시주한 기록이 남아 있는데, 발원 내용은 "생전수복사후동생극락生前壽福死後同生極樂"이라 하여 살아서는 장수와 복을 빌고 죽어서는 함께 극락에 가게 해달라고 기원한 것이다.

2001년 5월 4일 조선조 마지막 궁녀인 성옥염成玉艶 상궁이 세상을 떠남으로써 조선 궁녀의 맥은 끊기고 말았다. 그녀는 죽기 전 한동안 머물렀던 무의탁노인 복지시설에 몸빼 바지 두 벌, 내의 몇 벌, 그리고 2만 3,000원이 든 낡은 지갑만 남기고 향년 82세의 나이로 자기가 모시던 윤황후의 곁으로 떠나갔다.

성상궁은 15세 때인 1933년 창덕궁 침방나인으로 황궁 생활을 시작해 1966년 순종 계비 순정효황후 윤씨가 승하할 때까지 황후의 의복을 담당했다.

성상궁의 유해는 그달 6일 화장되었고, "저 세상에서도 윤황후를 모실 수 있도록 해달라"는 유언에 따라 윤황후의 위패가 모셔진 강릉 백운사에서 49재를 지낸 후 위패가 안치되었다. 1966년 임향봉 스님은 순정효황후를 추모하는 시에서 윤황후를 모시던 김명길金命吉(1983년 작고) 상궁, 박창복朴昌福(1981년 작고) 상궁, 성옥염 상궁을 동정하는 마음을 드러냈다.

님 가신 대궐 낙선
독경 염불 처량하다.
오호라 궁 사직이
여기서야 끝맺으리.
김씨, 박씨, 성씨 세 상궁이 애닯구나
황후 모신 일평생이 인정人情 없으리오.

– 〈님은 가시고〉 중에서

궁녀의 취미 생활과
재테크
그리고 근무 백태

 궁녀의 취미 생활과 휴가

궁녀들은 근무가 없는 비번 날 틈이 나면 궁체를 연습하거나 비단실로 끈을 짜는 다회치기를 했다. 마작이나 쌍륙놀이, 화투를 하는 궁녀들도 있었고 달밤이면 뜰에 나가 당언문唐諺文을 읊는 궁녀도 있었다. 당언문은 한문에 일가견이 있는 남성들이 장난삼아 했던 시작詩作 놀이로 '菊樹寒査發(국수 한 사발)' 같은 것이었다. 이 당언문은 궁녀들뿐만 아니라 양반 부녀자들 사이에서도 유행했던 것으로 보이는데 언제부터 시작되었는지는 정확히 알 수 없다.

궁녀들은 화살을 병에 던져 넣는 투호놀이나 윷놀이, 소리를 하면서 시간을 보내기도 했다. 고종의 후궁인 삼축당 김씨의 말에 의하면, 나인 중에 목청이 좋은 이가 있어서 비번 날에는 저녁 식사(궁중의 저녁 식사 시간은 연중 오후 6시였다) 후 정원에 나가 소리도 하고 이야기도 하면서 외로움을 달랬다고 한다. 소리의 종류로는 시조창이나 육자배기 같은 것도 있었고 아리랑, 닐리리야

궁녀들이 여가를 보냈던 투호는 화살을 병 안으로 던져 넣는 놀이였다.

같은 민요, 그리고 시체 노래(유행가)도 있었다. 광대나 기생들이 하는 가창이나 무용인 연희演戱를 관람하거나 정재呈才(궁중에서 여령女伶이나 무동, 지방 관아에서 기녀들이 공연했던 악가무樂歌舞의 종합예술)를 관람하는 것으로 시간을 보내기도 했다. 주로 국가 연회에 사용되었던 정재의 종류에는 춘앵전春鶯囀, 포구락抛毬樂, 검무劍舞, 선유락船遊樂 등이 있었는데, 고종은 망국의 설움을 달랠 수 없어 그랬는지 만년에 덕수궁에서 일주일이 멀다 하고 이 여흥을 즐겼다고 전한다.

조선 초기에 매우 엄격했던 궁녀들의 기강은 조선 중후반기를 거치면서 해이해져 정조는 '궁인의 유연遊衍을 금하는 교

서'를 내리기도 했다.

 명색이 궁녀이면서 기생들을 데리고 노래판을 벌이는가 하면, 액례披隷와 궁노宮奴들을 데리고 꽃놀이와 뱃놀이를 가서 그 행렬이 길에 끊임없이 이어지는데도 돌아보아 꺼리지 않으며, 심지어는 재상의 물가 정자와 교외 별장을 빼앗아 들어가는 일까지 있었다. 이처럼 비루하고 무례한 일이 허다함을 말하자니 부끄럽다. 나라에 법이 있는데 어찌 이럴 수 있단 말인가?

조선의 제26대 왕이었던 고종의 모습. 일본인에 의해 독살된 것으로 알려진다.

 지위가 높고 돈이 많은 상궁급 궁녀들이 휴가를 내고 궁 밖으로 나가서 꽃놀이나 뱃놀이를 즐겼다는 것인데, 놀라운 사실은 이들이 기생을 대동하거나 궁중의 노비를 데리고 갔다는 것이다.
 궁녀들에게도 휴가가 있었는데 대표적인 것이 부모의 상을 당해 집에 다녀오는 것이었다. 《연산군일기》 11년 7월 4일자 기사를 보면 "나인이 부모의 상을 당하면 숙의淑儀 이상은 100일, 그 아래로는 차차 감하라"는 전교를 내린 것으로 보아 적어도 부모의 상에 한해서만큼은 휴가를 주었던 것을 알 수 있다.

또한 《중종실록》 30년 10월 15일자 기사에는 "의녀 등에게 뇌물을 받고 함부로 휴가를 준 혜민서 전 훈도訓導 등을 형추刑推하도록 하라"는 대목이 있어 일반 궁녀에게도 휴가가 있었을 것으로 추측된다.

숙종조에도 용천 유학幼學 장신한張臣漢이 상소를 올려 "궁중의 시녀는 기간을 한정하여 풀어 보내어 일생 동안 유폐당하는 원망이 없게 하소서"라고 간언한 것을 보면 경조사 등 어떤 형태로도 휴가가 있었던 듯하다.

궁녀의 재테크

조선시대 궁녀들은 고소득자였다. 왕과 왕비의 생일이나 결혼식, 즉위식 등 특별한 날에는 특별 보너스에 해당하는 물품들을 하사받았고, 제조상궁이나 부제조상궁 등 실세 상궁들은 외국 사신이나 고관들에게 받는 선물도 적지 않았다. 또한 궁녀들은 궁궐 안에서만 근무하는 특성 때문에 상대적으로 지출이 적었고, 먹고 입고 잠자는 것 등을 궁 안에서 해결할 수 있었으므로 크게 돈 들어갈 곳이 없었다.

대부분의 궁녀들은 입궁하는 순간부터 수입의 대부분을 온

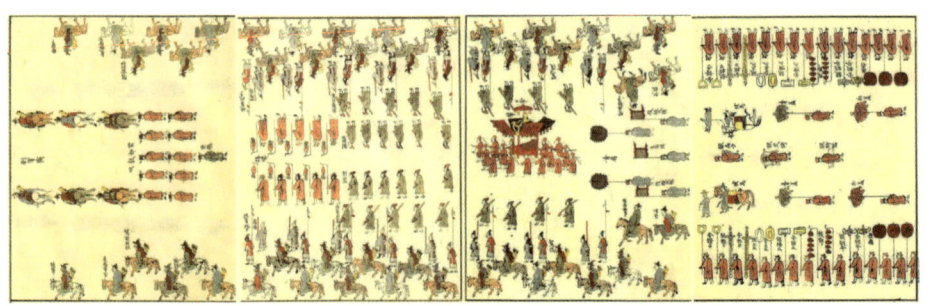
영조와 정순왕후의 결혼식을 그린 《가례도감의궤》의 반차도. 규장각 소장

전히 저축할 수 있었다. 이렇게 애기나인부터 상궁이 될 때까지 30~40년 동안 착실히 저축하면 상당한 규모의 재산을 모을 수 있었다.

특별한 경우기는 하지만 많은 노비와 재산을 소유한 궁녀도 더러 있었다. 그중에 가장 많은 재산을 보유했던 궁녀는 단종조 금성대군의 유모 상궁 박씨였을 것이다. 그녀가 왕실과 개인에게서 받은 재산 상태를 살펴보면 다음과 같다.

    단종 2년(1454) 6월 15일 : 노비 5명을 왕실로부터 받음.
    단종 2년 8월 5일 : 노비 5명을 왕실로부터 받음.
    단종 3년(1455) 1월 24일 : 노비 5명을 왕실로부터 받음.
    단종 3년 1월 24일 : 계집종 1명을 금성대군에게서 받음.

이 외에도 상궁 박씨는 내시 김연金衍의 집을 받은 적이 있었고 인천에도 많은 땅을 가지고 있었지만, 계유정난 당시 단종 편에 섰다가 세조 일파에게 반대파로 몰려 전 재산을 몰수당하고 죽임을 당한다.

한편 《숙종실록》에는 "궁인이 궁궐 밖에 사사로이 집을 두고 자산을 관리하지 않음이 없습니다"라는 글이 보인다. 궁녀들이 궁 밖에 집을 두고 자산을 관리했음은 성종조에 전언典言을 지낸 궁녀 조두대曺豆大의 경우를 봐도 알 수 있다. 실록에는 그녀가 한양 수표동에 집과 노비, 그리고 다른 많은 재산을 관리했다는 기록이 나온다.

그렇다면 궁녀들은 이처럼 많은 재산을 누구에게 물려주었을까? 궁녀들에게는 남편도 자식도 없었다. 이것을 짐작할 수 있는 사료가 하나 있다. 17세기 인조, 효종, 현종대에 걸쳐 궁녀로 근무한 상궁 박씨의 토지 매입 계약서明文이다.

계약서에 의하면 그녀는 한양 석관동과 종암동의 전답 등 1만여 평의 부동산과 재산을 관리할 대복大福이라는 노비를 부렸던 것을 알 수 있다. 상궁 박씨가 세상을 떠난 후 이 재산은 양손자 박상간朴尙侃에 의해 당초 구입가인 정은자正銀子 210냥의 절반도 안 되는 90냥에 팔려나가게 된다. 이처럼 궁녀들의 재산은 양자에게 상속되거나 친정 식구들에게 상속되었을 것으로 추측된다.

궁녀의 근무 백태

아무리 궁중 법도가 지엄하다 하지만 많은 궁녀들이 함께 생활하는 궁 안에서는 별의별 일이 다 일어나기 마련이었다. 여기서는 여러 문헌들을 통해 당시 그곳에서 어떤 일이 있었는지 알아보도록 하자.

미도를 행한 궁녀

고려 의종 임금 16년(1162) 9월에 왕의 총애를 받던 궁녀가 미도媚道(남자의 사랑을 얻기 위하여 요사스럽게 방술方術을 하는 것)를 행하여, 닭을 그린 그림을 왕의 담요 속에 몰래 놓아두는 일이 발생했다. 그녀는 일이 누설되지 않으리라 굳게 믿고 있었지만 결국 얼마 못 가서 발각되고 만다. 그녀는 살기 위해 주부동정主簿同正 김의보金義輔가 내시 윤지원尹至元과 더불어 공모하고 저주한 것이라고 무고한다. 결국 아무 영문도 모르는 김의보는 목을 베는 참형에 처하고 윤지원은 무인도로 귀양 보내는 것으로 사건이 마무리되었다.(《고려사절요》 제11권 의종 16년조)

내탕고의 물건을 훔친 궁녀

태종 때에 궁녀가 왕실 창고인 내탕고의 물건을 훔치는 일이 여러 번 벌어졌다. 정몽주와 정도전, 그리고 형제마저 죽이는 일을 서슴지 않았던 엄한 군주인 태종 때에 이런 일이 벌어졌다는 것은 이해하기 힘들다.

내탕고의 물건을 훔친 궁녀는 내전內殿의 여종(비자) 동백多栢이었다. 바늘도둑이 소도둑 된다고 처음 한 번이 어렵지 나중에는 별 죄의식을 느끼지 못하는 것이 사람 마음이다. 동백은 여러 번의 도둑질이 발견되지 않자 훔칠 때마다 짜릿한 희열 같은 것을 느꼈다. 하지만 꼬리가 길면 결국 밟히는 법. 동백의 절도 행각은 오래가지 못하고 임금인 태종의 귀에까지 들어갔다.

그러나 호걸 군주였던 태종은 동백이 영리하고 슬기로울 뿐 아니라 세세한 일까지 잘 본다 하여 용서해주고 충녕대군에게 내렸다. 동백으로서는 죽다가 다시 살아난 것이나 다를 바 없었다. 태종의 믿음이 없었다면 그녀는 이미 불귀의 객이 되어 황천길로 떠났을 것이다.

그런데 한동안 잠잠하던 동백의 도벽이 다시 도졌다. 동백은 금지 구역인 내탕고에 출입하면서 이번에는 대담하게도 왕비의 의복 20여 벌을 훔쳤다. 이쯤 되면 간이 배 밖에 나온 여성이라 할 만하다.

태종은 은밀히 내시를 불러 그녀가 훔친 물건을 염탐하게 했다. 내시가 훔친 물건을 조사하여 태종에게 올리자, 동백은 부끄럽기도 하고 장차 내려질 처벌이 두렵기도 하여 스스로 목을 매어 세상을 하직하기로 했다.

동백이 목을 메었다는 소식을 들은 태종은 즉시 의원과 어린 내시를 보내 그녀의 목숨을 구하게 한다. 그만큼 그녀의 재주를 아꼈던 것이다. 하지만 일이 잘못되느라고 그랬는지 의원과 내시가 헐레벌떡 달려가는 것을 보고 수상히 여긴 호군護軍 진원귀陳元貴가 길에서 이들을 잡고 세세히 캐물으며 조사하느라 시간이 지연되었다. 그러는 사이 그녀의 의식은 점차 희미해졌고 결국은 목숨이 끊어졌다.

결국 동백을 구하지 못하고 죽음에 이르게 했다는 보고를 들은 태종은 진노하여 진원귀를 순금사巡禁司에 가두게 했지만, 그가 왕명을 받은 까닭을 몰랐기 때문이라 하여 풀어주었다.(《태종실록》13년 1월 13일자)

연생전에 벼락이 떨어져 궁녀가 죽다

세종 26년(1444) 7월 10일 많은 비가 내렸는데 우레 소리가 요란하고 벼락까지 내리쳤다. 궁녀들은 모두 요란한 우레 소리 때문에 두려움에 떨었다. 그런데 그 두려움이 현실로 나타나고 말았다. 벼락이 연생전延生殿에 떨어져 사기司記 차씨가 맞아 죽은 것이다.

벼락에 의한 피해는 이것으로 그치지 않았다. 연지동에서

한 여인이 벼락을 맞았고 창덕궁 옛 중추원에도 벼락이 떨어졌다. 이에 세종은 우의정 신개申槪, 좌찬성 하연河演 등을 불러 말했다.

"오늘 연생전에 벼락이 떨어져 궁녀가 벼락에 죽었으니 어찌 재앙이 아니겠는가. 옛날 명나라 홍무제 때는 근신전謹身殿에 천둥과 벼락이 떨어졌고 영락제 때는 봉천전奉天殿, 화개전華蓋殿, 근신전의 세 궁궐에 벼락이 떨어져 불이 났다. 이때 두 황제가 모두 근신하여 몸을 닦고 반성했으며 천하에 대사령大赦令을 내려 하늘의 꾸짖음에 보답했다. 지금 하늘이 내전에 벼락을 떨어뜨려 꾸짖는 뜻을 보이니 매우 두렵다. 사령을 내려 비상한 은혜를 베풀고자 하는데 어떻겠는가? 무릇 백성들을 기쁘게 할 수 있는 일을 함께 의논하여 아뢰라."

이에 여러 신하들이 의논 끝에 이렇게 아뢰었다.

"하늘의 천둥과 벼락은 양기가 서로 부딪히는 것으로 그 기운에 저촉되는 자는 죽는 것입니다. 나무와 돌과 새와 짐승에 이르기까지 벼락을 맞아 죽는 일이 있는데, 어찌 사람의 일이 선하고 악한 것에 관계가 있겠습니까? 연생전은 본래 정전正殿이 아니고 큰 벼락이 떨어진 것도 아니므로 재앙이라고 말할 수 없습니다. 백성들을 기쁘게 할 일은 근래에 한재旱災로 인해 남김없이 거행했으므로 다시 아뢸 것이 없습니다."(《세종실록》 26년 7월 10일자)

나인에게 음식 대접을 받은 자들을 심문하다

궁녀와 별감은 가까이에서 근무하는 동료이지만 공무가 아닌 사적으로 만나는 일은 금지되어 있었다. 그런데 세조 때 어떤 궁녀가 평소 친하게 지내던 문을 지키는 수문별감守門別監 기석奇石에게 청탁을 넣는 일이 벌어졌다. 숙수노熟手奴(요리사) 동금同金을 불러 경회루 아래로 보내오면 자신이 음식 대접을 하겠다는 것이었다. 또한 이때 최순의崔順義라는 자가 삼릉패三稜牌(대궐을 드나드는 종에게 교부하는 세모난 표)를 하지 않고 함부로 수라간에 들어가 나인에게 음식 대접을 받다가 발각되는 일이 발생했다. 세조는 형조에 전교를 내려 이들을 모두 심문한 후 결과를 아뢰게 했다.(《세조실록》 12년 7월 22일자)

경복궁 경회루의 전경

궁궐을 나가 술을 마신 궁녀

세종조에 궁궐을 나가서 술을 마신 대담한 궁녀가 있었다. 엄격한 궁중 법도를 지켜야 하는 궁녀가 궁궐을 나가 술을 마신다는 것은 당시로서는 상상하기조차 힘든 일이었다. 하루는 성종이 신하에게 물었다.

"시녀에게 장가드는 것을 금하는 법은 어느 때에 비롯되었는가?"

그러자 홍응洪應이 다음과 같이 대답했다.

"선대 왕조로부터 있었습니다. 세종조에 가까이 모시는 어느 궁녀가 밖에 나가서 밤에 술을 마셨으므로 이 법을 거듭 밝혔습니다."(《성종실록》 18년 1월 6일자)

광해군대의 궁녀 저주 사건

광해군대에는 궁녀들이 무려 열아홉 가지의 저주를 벌인 전대미문의 사건이 벌어졌다. 《광해군일기》의 기록을 통해 당시 상황 속으로 들어가보도록 하자. 전라도 무안 사람 김응벽金應璧을 문초한 공초 중 이런 대목이 보인다.

왕릉 위에서 한 저주는 지난해 2월에 상궁 정이貞伊가 무당을 시켜 능소陵所에 가서 경을 외우게 했으며 김응벽도 같이 저주했습니다. 이때 연이連伊가 오곡밥 세 그릇과 흙을 푸는 가래를 가지고 밤중에 나가 한 자 남짓한 구덩이를 파고 고양이를 묻었습니다. 또한 경문經文을 대홍단大紅緞 조각에 써서 묻었는데 김응벽이 황응인黃應仁, 이만룡李萬龍 등과 함께 했습니다.

대궐 안에서의 저주도 한상궁이 한 짓인데, 이는 고온古溫 등이 김응벽에게 말한 것입니다.

맹인 장순명張順命이 영창대군의 처소에 들어가 영창대군의 생년월일을 쓰고, 차마 말하지 못할 일을 가지고 경으로 외웠습니다. 또한 종이에 사람을 그려 바늘로 눈을 찌르고 부엌 바닥에 묻었습니다. 그리고 궁궐 뒤의 소나무 숲에서 살아 있는 개를 죽였으며 내시 민희건閔希騫을 시켜 금구현 금산사 절 깊은 연못에 말을 묶어 던지게 했습니다.

최상궁은 고양이와 큰 수탉을 사다가 도서비道西非를 시켜 해가 뜰 때에 수탉에게 진주眞珠와 부적을 먹이고 고양이에게 몰아 죽이게 했습니다. 또한 나인 환이環伊는 금빛 고양이의 눈알을 바늘로 찔러서 연기가 가득 찬 항아리 속에 넣기도 했습니다.

한편 나인 예이禮伊를 문초한 공초에는 다음과 같은 기록이 있어 사건의 전모를 이해하는 데 도움을 준다.

저주하는 일은 영창대군의 보모 덕이德移가 우두머리가 되었고, 예이, 환이環伊, 신옥信玉 등이 대비전 윤상궁의 종 춘금春今의 말을 듣고 은을 뇌물로 받아 내응했습니다.

저주에 쓰는 물건들을 몰래 주고받았는데 보자기에 싼 형상이 말보다 작은 것을 예이가 두 번 보았습니다.

저주하는 방법은 모두 여자 맹인에게 배워서 한 것입니다. 매화나무 위에 쥐를 찢어 걸어놓고, 대궐 안 서쪽 담 밑에는 흰 수탉을 놓아두었으며, 서쪽 담 안에는 흰 종이에 돼지를 그려 땅에 깔아놓았고, 섬돌 밑에는 죽은 쥐를 버렸습니다.

남궁南宮 밖에는 청개구리와 쥐 가죽을 버렸고, 남쪽 섬돌 밑에는 죽은 고양이를 놓았으며, 오미자 떨기 밑에는 큰 글씨를 써놓았고, 우물 안에는 마른 대구어大口魚를 던져 넣었습니다.

세자께서 머무시는 동궁 남쪽 담 안에는 죽은 까치와 죽은 쥐를 던져두고, 동궁 담 밖에는 돼지와 새 깃털을 꽂은 갓을 쓴 사람을 그려서 버렸습니다.

주상 전하께서 머무시는 대전 마루 밑에는 쥐를 묻고 뒷간 밑에는 까마귀의 두 다리와 두 날개를 잘라서 두었습니다.

저주에 소용되는 모든 물건은 영창대군의 사내 종 순창順昌이 바깥에서 구해 들여왔습니다.

예이가 영창대군의 방에 가 보았더니 덕복德福, 향이香伊, 환이 등이 흰 개 한 마리를 잡아서 눈알을 빼고 주홍朱紅으로 메우고 있었습니다.

모두 열여섯 가지의 저주를 행했는데 정월에서 4월까지 열흘,

혹은 닷새 간격을 두고 행했습니다.

또한 의인왕후의 능(선조의 비)에서 한 저주는 학이鶴伊와 환이가 무당 오연於延과 함께 했는데 이를 위해 무당의 사당을 지었습니다.(《광해군일기》 5년 6월부터 8년 12월까지의 기록)

궁녀 방의 화재와 멸화군

《응천일록凝川日錄》 광해군 7년(1615) 3월 5일자에는 "간밤 오경五更(새벽 3시~5시)에 대비전 나인 방에 불이 났다가 곧 꺼졌다"는 기록이 보인다. 조선시대에는 궁궐에서 자주 화재가 발생했는데 가끔 궁녀들이 머무는 방까지 불이 옮겨 붙기도 했다.

궁궐에 화재가 발생했을 때 불 끄는 일을 담당하는 관청은 수성금화사修城禁火司로 지금의 소방서에 해당하는 곳이었다. 이곳에는 멸화군滅火軍이라 부르는 소방대원 50명이 24시간 대기하고 있었는데, 각종 소화용 기구를 비치하고 있었다. 하지만 당시 소방 기구들 중 실물이 전해오는 것은 없다.

멸화군이 출동하기까지는 시간이 많이 걸렸기 때문에 대형 화재가 아닌 경우에는 불이 번지기 전에 부서에서 자체적으로 껐다. 화재 예방을 위해 왕이 머무는 전각 4면에 무쇠로 된 큰 가마솥 모양의 드무(화재를 막는 예기禮器)에 물을 담아두고 방화용수로 사용했고, 궁녀들의 처소에서는 독에 물을 담아

두었다가 불이 났을 때 방화용수로 사용했다.(《응천일록》 광해군 7년 3월 5일자)

궁 안에서 아이를 기른 궁녀

숙종 43년(1717) 7월 12일에 궁녀 혜정惠貞과 숙이淑伊 등이 대궐 안에서 술을 빚어 사사로이 팔다가 적발된 사건이 있었다. 엄격한 통제가 이루어진 궁궐 안에서 궁녀가 술을 만들어 팔았다는 것은 궁중에 도덕적 해이가 만연해 있었던 것이다. 보고를 받은 숙종은 기강이 땅에 떨어졌다고 여겨 입진入診할 때에 특별히 이들을 거두어 죄를 다스리라고 명했다.

그런데 이것이 전부가 아니었다. 궁녀 혜정이 자신의 남동생 장후적張後籍의 네 살 된 손자를 대궐에서 몰래 키우다가 발각된 것이다. 보고를 받은 숙종은 장후적에게도 죄가 있는 만큼 함께 가두어 죄를 다스리라고 명했다. 사건을 맡은 형조에서는 혜정은 교수형인 교형絞刑에, 숙이는 곤장 100대에 처하고, 장후적은 곤장 100대에다 3,000리 유배형에 처해야 한다고 주청했다.

숙종은 별다른 이의 없이 그대로 수용했지만 혜정의 교수형만은 특별히 감하여 유배하게 했다. 7월 16일에 사헌부에서 숙이에게 곤장 100대만 친 것은 처벌이 약소하니 귀양을 보내라고 청했지만 듣지 않았다.(《숙종실록》 43년 7월 12일자)

궁녀의 성과
은밀한 스캔들

 궁녀의 성

궁궐 깊은 곳에서 왕만을 쳐다보며 살아야 했던 궁녀들이 느꼈을 외로움은 청상과부 이상이었을 것이다. 그래서 궁녀들 중에는 간혹 동성애를 하는 경우도 있었다.

궁녀들의 동성애는 대식對食이라고 불렀다. 이규경李圭景의 《오주연문장전산고五洲衍文長箋散稿》에는 중국 한나라 때의 궁중 대식에 대한 기록이 나오는데 "궁인이 자기들끼리 부부가 되는 것을 대식이라 하는데 서로 투기한다"라고 적고 있다. 조선시대에도 동성애를 하는 궁녀들 중에는 엉덩이에 벗 붕朋 자를 문신으로 새기는 경우가 있었다.

기록에 의하면 궁녀들은 자위용으로 각신角腎을 사용했다고 한다. 각신은 뼈나 뿔로 만든 것으로 모양은 음경과 같았다. 당시 이러한 물건은 안동상점(안국동 상회)에서 팔았다.

나무로 만든 남근 모양의 물건

세종조에는 세자빈 봉씨가 자신을 모시는 소쌍召雙이라는 궁녀와 대식한 것이 들통 나서 친정으로 쫓겨나기도 했다. 또한 세종은 당시 궁녀와 방자 등이 서로 좋아하여 동침한다는 소문을 듣고 궁중에 엄하게 금지령을 내렸다. 그리고 감찰상궁이 아뢰게 하여 곤장 70대를 집행하게 했고 그래도 안 되면 다시 곤장 100대를 더 때리게 했다. 세종은 이렇게 엄격한 규율을 시행한 후에야 풍습이 조금 고쳐졌다고 술회하고 있다.

궁녀의 임신 사건

궁녀들은 함께 생활하는 동료들끼리의 동성애를 하는 데 그치지 않고 함께 근무하는 남성인 대전별감이나 중성인 내시, 일반 관리나 궁을 출입하는 종친, 심지어 승려와도 정을 통하여 궁 안에서 아이를 낳는 최악의 일까지 있었다.

정조조에 편찬된 법전인 《대전통편大典通編》〈형전刑典〉 간범姦

犯조에 의하면 "궁녀가 외인外人과 간통하면 남녀 모두 때를 기다리지 않고 즉시 목을 벤다(임신한 여자는 아이를 낳기를 기다렸다가 형을 집행한다. 출산 이후 100일을 기다렸다가 형을 집행하는 예는 적용하지 않는다)"고 되어 있다.

법전에서는 아이가 젖을 떼는 3개월까지는 사형 집행을 유보했지만 궁녀의 간통 사건에 한해서는 이를 적용하지 않고 바로 목을 벰으로써 경종을 울리고자 했던 것이다.

실제로 실록을 보면 궁녀가 간통하여 아이를 가진 사건이 여러 건 확인되는데 발각되지 않은 경우는 훨씬 많았을 것이다. 숙종 즉위년(1675) 3월 복창군, 복평군 형제가 궁녀와 간통하여 아이를 임신시킨 사건이 대표적인 경우인데 이 일로 인해 복창군 형제는 유배형에 처해졌다.

숙종 42년(1716)에도 궁녀 설례雪禮가 승려 학혜學慧와 간통하여 대궐 안에서 아들을 낳은 일이 발각되자 왕이 형조에 명해 심문했고 승복을 받아 죽였다는 기사가 보인다.

궁녀의 통정 사건

궁 안에서 함께 생활하던 내시들과 정을 통한 통정 사건도 심심치 않게 일어났다. 실록에서도 내시와 궁녀의 스캔들에 대한 기사를 찾아볼 수 있다. 태종 17년(1417) 8월 8일자 기사로 상왕전의 나인을 간음한 내시 정사징鄭思澄을 벤 기록이다.

내시 정사징을 베었다. 정사징은 고려 공양왕 때부터 내시 같지 않다는 말이 있었는데, 회안대군의 첩과 간통했고 인덕궁을 섬기면서 시녀 기매其每를 간음했다. 기매는 상왕의 본궁本宮 종이었다. 상왕이 이를 알고 기매를 내치니 정사징은 도망쳤지만 결국 붙잡혀 베어졌다. 의금부 제조가 기매를 아울러 베자고 청하니 임금이 답했다.

"기매其每는 상왕에게서 자식을 낳았으니 차마 못하겠다."

그러자 제조 등이 다음과 같이 청했다.

"기매가 이미 죄를 지어서 쫓겨났으니, 상왕께선들 아끼겠습니까?"

이에 임금이 옳다고 생각해 기매를 베려다가 결국에는 상왕의 명으로 하지 못했다.

숙종 27년(1701)에도 내시 이동설李東卨 등이 방자나인 월금月錦, 영업英業 등과 몰래 간통하다가 발각되어 형조에서 여러 번 형신했지만 오래도록 자복하지 않았다는 기사가 등장한다.

그 외에도 별감과 정을 통한 경우로는 단종조에 방자 중비重非가 별감 부귀富貴와 교제하면서 다른 방자인 자금者今과 가지加知까지 끌어들였다가 발각된 사건이 있었다.

정조 즉위년 12월 9일자 기사에서도 왕이 "궁중의 기강이 땅에 떨어져서 궁녀가 외인과 정을 통하는가 하면, 내시와 정을 통해 대궐에서 아이를 낳기도 하고, 장번長番 내관이 침실 가까운 곳에서 서로 간통하기도 한다. 또한 지난여름 사이에 내시가 방자나인과 은밀히 간통한 것이 한둘이 아니다"라며 세태를 한탄하고 있다. 정조는 이들을 엄벌에 처할 것을 명했고 내시 이세담李世聃, 소환小宦(어린 내시) 임응현任應賢, 방자비 복덕福德 등이 곤장을 맞고 유배되었다.

궁녀의 스캔들

조선 역사상 파문을 일으켰던 궁녀의 스캔들, 또는 궁녀가 개입한 성 스캔들로 대표적인 것이 문종의 첫째 부인 휘빈 김씨와 둘째 부인 순빈 봉씨 사건이다. 이 스캔들들의 자세한 내막을 살펴보도록 하자.

휘빈 김씨와 호초의 방술 스캔들

세종은 세자(훗날의 문종)의 첫 번째 부인으로 상호군 김오문金五文의 딸을 맞아들여 휘빈徽嬪에 봉했다. 그런데 세자빈이 된 휘빈 김씨는 시녀 호초胡椒를 위협하여 여자가 남자에게 사랑받는 방술을 캐묻기 시작했다. 호초는 위협에 못 이겨 대답했다.

"남자가 좋아하는 여인의 신을 베어다가 불에 태워 가루로 만든 후 술에 타서 남자에게 마시게 하면, 자신은 사랑받고 그 여인은 배척당한다고 합니다. 그러니 효동孝童과 덕금德金의 신으로 시험해보는 것이 좋을 듯합니다."

"그게 정말이냐?"

"예, 마마. 쇤네가 어찌 거짓을 고하겠습니까?"

"알았다. 그만 물러가 보거라."

효동과 덕금은 세자의 사랑을 두고 휘빈과 다투던 라이벌들이었다. 휘빈은 즉시 두 여자의 신을 가져다가 손수 베어 방술을 써보려고 했지만 번번이 기회를 얻지 못했다.

어느 날 휘빈 김씨는 다시 호초를 불러들였다.

"지난번에 말한 것 외에 다른 방술이 있느냐?"

"뱀들이 교접할 때 흘린 정기를 수건으로 닦아서 차고 있으면, 남자의 사랑을 받는다고 했습니다. 지난번 것은 박신朴信이 버린 첩 중가이重加伊에게서 들었고 지금 말씀드리는 것은 정효문鄭孝文의 기생첩 하봉래下蓬萊에게 들었습니다."

"그렇다면 틀림없겠구나. 이 일은 죽을 때까지 너와 나만 알아야 한다. 명심, 또 명심하렸다."

"예, 마마."

그러나 결국 이 일은 탄로가 나고 말았다. 세종은 종묘에 폐빈廢嬪을 고하고 김씨로부터 책인冊印을 회수한 후 친정으로 쫓아 보냈다. 아울러 김씨의 아버지인 전 총제摠制 김오문과 호초의 아버지인 원주목사 이반李蟠의 직첩을 거두어들이고 휘빈의 큰아버지인 돈녕부승敦寧府承 김중엄金仲渰을 파면했다.

아버지에 의해 죽은 순빈 봉씨

문종의 두 번째 부인 순빈 봉씨는 종부시宗簿寺 소윤少尹 봉여奉礪의 딸이었다. 《세종실록》 18년 10월 26일자에서는 순빈 봉씨의 스캔들을 이렇게 묘사하고 있다.

> 왕이 사정전에 나아가 도승지 신인손辛引孫과 동부승지 권채權採를 부른 후 말했다.
> "요사이 듣건대 봉씨가 궁궐의 여종 소쌍을 사랑하여 항상 곁을 떠나지 못하게 하니, 궁인들이 서로 수군거리기를 '빈께서 소쌍과 항상 잠자리와 거처를 함께한다'고 한다.
> 어느 날 소쌍이 궁궐 안에서 청소를 하고 있는데, 세자가 갑자기 묻기를 '네가 정말 빈과 같이 자느냐'고 하니 소쌍이 깜짝 놀라 '그렇습니다'라고 대답했다.
> 그 후에도 자주 듣건대, 봉씨가 소쌍을 몹시 사랑하여 잠시라도 곁을 떠나면 원망하고 화를 내며 말하기를 '나는 너를 매우 사랑하는데 너는 나를 그다지 사랑하지 않는구나'라고 했고, 소쌍도 다른 사람에게 말하기를 '빈께서 나를 사랑하기를 보통사

람과 다르게 하니 매우 무섭다'라고 했다.

　소쌍이 승휘承徽 권씨의 사비 단지端之와 서로 좋아하여 함께 자기도 했는데, 봉씨가 사비 석가이石加伊를 시켜 항상 뒤를 따라다니며 단지와 놀지 못하게 했다.

　예전에 봉씨는 새벽에 일어나면 시중드는 여종들로 하여금 이불과 베개를 거두게 했는데, 소쌍과 동침한 후로는 자기가 이불과 베개를 거두었으며 여종으로 하여금 몰래 그 이불을 세탁하게 했다.

　이러한 일들로 궁중이 떠들썩하므로 내가 중전과 함께 소쌍을 불러 진상을 물었다. 소쌍이 말하기를 '지난해 동짓날 세자빈께서 저를 불러 내전으로 들어오게 하셨는데, 다른 여종들은 모두 지게문 밖에 있었습니다. 저에게 같이 자기를 요구하므로 사양했으나, 빈께서 윽박지르므로 마지못해 옷을 반쯤 벗고 병풍 속에 들어갔더니, 빈께서 나머지 옷을 다 벗기고 강제로 들어와 눕게 하여 남녀가 교합하는 것처럼 서로 희롱했습니다'라고 했다."

과거에 봉씨는 자신이 임신했다는 거짓말을 한 적이 있었다. 임신 소식을 들은 세종은 봉씨의 건강을 염려하여 중궁으로 들어와 조용히 머무르게 했는데, 한 달이 지난 어느 날 봉씨가 갑자기 낙태를 했다고 말했다.

"단단한 물건이 형체를 이루어 나왔는데 지금 이불 속에 있습니다."

이에 세종이 늙은 나인에게 가 살펴보게 했더니 이불 속에는 아무것도 없었다.

또한 세종은 여사女師를 시켜 봉씨에게 《열녀전》을 가르친 적도 있었다. 그런데 봉씨는 배운 지 며칠 만에 책을 뜰에 내던지면서 "내가 이것을 배운 후에 어찌 생활하겠는가?" 하고 소리를 질렀다.

평소 봉씨는 궁궐 나인들로 하여금 남자를 사모하는 노래를 부르게 하는가 하면, 세자가 종학宗學으로 옮겨갔을 때는 몰래 시녀의 변소에 가서 벽 틈으로 외간 사람들을 엿보기도 했다.

더는 두고 볼 수 없다고 결심한 세종은 종묘에 고한 후 봉씨를 폐하여 친정으로 돌려보냈다. 결국 봉씨는 분노한 친정 아버지에 의해 비참한 죽음을 당했다.

출궁한 궁녀 스캔들

궁녀는 궁 밖을 나갔다고 해도 이미 왕을 모시던 여인으로서 승은 여부와 관계없이 결혼할 수 없었다. 《경국대전》〈형전刑典〉 금제禁制조에 의하면 "조정 관료로서 궁중에서 내보낸 시녀나 무수리를 데리고 살면 곤장 100대에 처한다"고 되어 있다.

그런데 역사 속에서는 출궁한 궁녀의 스캔들이 심심치 않게 등장한다. 곤장형이 비교적 가벼운 형벌이었고 궁녀들은 민간의 여성에 비해 미모가 뛰어난 이가 많기 때문이기도 했을 것이다.

태종조에 김주金湊의 첩의 딸 관음觀音이 열 살 나이에 궁녀로 들어갔다가 기생의 딸이라고 하여 5개월 만에 내보내고 시집가는 것을 허락했다. 이후 우정승 조영무趙英茂가 성인이 된 그녀를 첩으로 삼았다.

그런데 사헌부에서 10년이 지난 태종 12년(1412)이 되어서야 이 일을 문제 삼아 조영무를 탄핵했다. 태종은 "데리고 산 지가 10년이 넘어 오래되었고 공신이니 죄를 줄 수 없다"며 받아들이지 않았다.

《세종실록》 21년 5월 15일자 기사에는 출궁한 궁녀가 무관과 간통한 기사가 보인다. 법을 관장하는 사헌부에서는 다음과 같이 아뢰었다.

"별시위別侍衛 이영림李英林이 궁에서 나간 시녀와 간통했으니 법에 의하여 목을 베기를 청하옵니다."

하지만 세종은 형벌이 너무 무겁다고 생각했는지 목을 베지 말고 특별히 두 등等을 감해 유배형에 처하는 것으로 사건을 마무리지었다.

성종 7년(1476)에는 대신 어유소魚有沼가 성균관에 있으면서 출궁한 궁녀 녹금祿今의 손을 잡고 희롱했다 하여 대사헌 윤계겸尹繼謙이 탄핵했다. 성종은 비록 어유소가 잘한 일은 아니나 술이 취한 상태에서 저지른 일이고 큰 공이 있기에 특별히 풀어준다고 명했다.

성종 17년(1486)에는 종친인 강양군 이숙李潚이 출궁한 궁녀를 아내로 맞은 것을 사간원 헌납 김호金浩가 탄핵했다. 이때의 일이 문제가 되었는지 성종 18년(1487) 1월 5일 승정원에 다음과 같은 전교가 내려진다.

"《대전大典》에 있는 '조정의 관리는 내보낸 궁녀와 무수리에게 장가들지 못한다'라는 조문에 '종친'이라는 글자를 보태도록 하라."

연산군 6년(1500)에는 여진족 출신 귀화인 동청례童淸禮가 출궁한 궁녀와 간통한 일에 대해서 사헌부가 죄 줄 것을 청했지만 연산군은 귀화한 사람은 따질 것이 못되니 의논하지 말라고 한다.

같은 해 영광군수 유집柳輯이 익명서를 사헌부에 보내 공조좌랑 한순韓恂이 출궁한 궁녀와 간통한 것을 고발했다. 이에 대해 연산군은 죄를 지은 당사자인 한순은 처벌하지 않고 고발자인 유집이 "선비로서 비겁하게 몰래 익명서를 투서했다"면서 현상금까지 걸고 반드시 잡도록 했다. 죄를 지은 한순이 예종의 계비 안순왕후 한씨의 남동생이었던 까닭에 감싸고 돈 것이다. 한순은 출궁한 궁녀 귀비석貴非石과의 사이에 1남 1녀를 두었지만 중종반정 이후에 집에서 내보냈다.

연산군 8년(1502)에는 참판 홍백경洪伯慶이 출궁한 궁녀를 간음했으니 영구히 관직에 기용하지 말아야 함에도 불구하고 왕실의 친척이 된다는 이유로 용서했다며 신하들이 논죄한 일이 있었다. 연산군은 할 수 없이 홍백경을 곤장형에 처하고 궁녀 복비福非와 떨어져 살게 했지만 그는 오히려 본부인을 집에서 내보냈다. 홍백경은 이전에도 출궁한 궁녀 향비香非와 간통한 적이 있었다.

이러한 사건은 중종 11년(1516)에도 이어졌다. 왕의 사위인 의성위 남치원南致元이 말미를 받아 집에 나가 있던 궁녀와 간통한 사건을 신하들이 논죄했지만 중종이 따르지 않았다.

3
파란만장한 삶을
살다간
궁녀 이야기

조선 최고의
갑부 궁녀가 되다,
박상궁

 궁녀의 첫 번째 관문

올해도 어김없이 4년에 한 번씩 뽑게 되어 있는 궁녀 선발 시험이 찾아왔다. 궁궐 안 후궁 한켠에서 궁녀 선발 시험이 실시되고 있다. 수습 궁녀인 생각시가 될 소녀들이 이열횡대로 늘어서 있고 그 옆에 상궁 몇 사람이 시험 감독관으로 서 있다. 이번 시험은 처녀 감별이었다.

"시행하게."

상궁의 명을 받은 내의원 소속 의녀들이 궁녀가 될 소녀들의 팔뚝에 빨간 앵무새의 생피를 한 방울씩 떨어뜨렸다.

"말례는 실격이다. 뒤로 빠지거라."

"예."

의녀의 말에 실격한 소녀가 힘없이 대답한 후 뒤로 물러나 왔다.

"명순이는 합격이다. 그대로 남거라."

"감사합니다, 의녀님."

훗날 조선 최고의 갑부 상궁이 되는 박명순(가명)의 운명이 결정되는 순간이었다. 명순은 마음속으로 말할 수 없는 희열을 느끼며 하느님께 감사를 올렸다. 계속해서 실격된 소녀와 합격된 소녀들의 이름이 호명되었다. 이 과정이 끝나자 이날 시험의 주관자인 홍상궁의 환영사가 이어졌다.

"오늘 합격한 나인들은 듣거라."

"예, 마마님."

새로 생각시로 뽑힌 소녀들이 일제히 머리를 숙이며 대답했다.

"여기까지 오느라 다들 수고가 많았다. 이제 너희들은 대궐 안에서 주상 전하와 중전마마 등 왕실 윗전들을 위해 일하게 되었다. 이곳은 말 한 마디도 새어나가서는 안 되는 지엄한 궁중이니 앞으로는 말과 행동에 신중을 기해야 할 것이야. 알아들었느냐?"

"예, 마마님. 명심하겠사옵니다."

"한상궁. 아이들을 데려가 음식을 내리고, 오늘은 피곤할 터이니 일찍 재우도록 하게."

"예, 마마님. 그리하겠습니다."

부업이 된 소설 필사 일

명순은 중인 집안 출신이라 대전의 수방繡房에 배속받았고, 같은 방을 쓰는 방동무인 예향이는 평민 집안 출신이라 왕비가 머무는 중궁전의 내소주방內燒廚房에 배치되었다. 나이는 명순이 예향보다 두 살 많았다. 저녁을 먹은 두 사람이 방 안에 마주 앉았다.

"예향이 자네는 앞으로 소원이 무엇인가?"

"저는 모든 나인들을 거느리는 제조상궁이 되어보고 싶습니다."

"그래? 아우님은 적극적인 성격이니 반드시 그리 될 수 있을 게야."

"고마워요, 형님. 그런데 형님 소원은 무엇인가요?"

"나는 앞으로 많은 돈을 벌어 궐 밖에다 땅도 사고 집도 사고 싶네."

"어째서 그런 생각을 하셨어요?"

"우리 집안은 워낙 가난해서 고생을 많이 했다네. 그나마 아버님은 몇 년 전에 돌아가셨고 어머님은 아직도 가난 때문에 힘들게 살고 계시지."

"듣고 보니 제 맘이 아프네요. 저희 집도 가난하여 하루하루 끼니 걱정을 해야 할 처지라 집안을 도우려고 나인이 된 것입니다."

"그랬군. 우리 이렇게 연을 맺었으니 각자 노력하여 오늘 한 말을 실현해 보이도록 하세."

"네, 형님. 꼭 그렇게 해요."

세월은 흘러 명순은 공문서를 관리하고 작성하는 서사상궁書寫尙宮인 상기尙記(종6품)가 되었다. 어느 날 박상궁에게 소설을 빌려주는 세책방貰冊房 주인 김씨으로부터 연통이 왔다. 박상궁은 왕비의 친정에 편지를 전달한다는 명분으로 궁궐을 나왔다.

"어서 오십시요, 박상궁마마님, 오랜만에 뵙습니다."

"예. 하시는 일은 잘 되시지요?"

"그러믄입쇼. 이 모든 게 박상궁마마님께서 도와주시는 덕분입니다."

세책방 주인인 김씨가 침이 마르게 박상궁을 추켜올린다. 그런 그의 말이 과히 나쁘지 않게 들린다.

"그래, 이번에 내가 도와줘야 할 일이란 게 무엇이오?"

"예, 이번에 《낙성비룡洛城飛龍》이라는 두 책짜리 소설이 나왔습지요. 바로 이 책입니다."

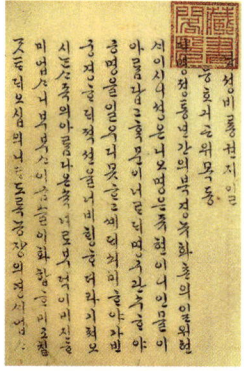

한글로 쓰인 《낙성비룡》. 임진왜란과 병자호란이 끝나고 조선 중후반기를 지나면서 민간에서 소설 문학이 유행하기 시작했다.

박상궁이 김씨가 건네는 소설을 받아서 펼쳐본다.

"언제까지 마치면 되겠소?"

"저야 빠를수록 좋습죠. 그런데 마마님 사정이 어떠신지……."

"보름이면 되겠소?"

"그리하시지요."

"그래, 이번 필사의 사례비는 얼마나 주시려오?"

"권당 스무 냥씩 사십 냥으로 하시면 어떠하올지……."

잠시 무언가를 생각하던 박상궁이 다시 말을 이었다.

"그럽시다. 내 필사가 끝나는 대로 즉시 연통을 넣겠소."

"하오시면 저는 마마님만 믿겠습니다."

"알겠소. 내 서둘러보리다."

"고맙습니다, 마마님."

"이만 돌아가야 할 것 같소. 수고하시구려."

종로통 전기수 이야기

 대사동(인사동) 골목에 사람들이 앉거나 서서 한 노인의 이야기를 듣고 있다. 지나가던 박상궁과 김나인은 이 광경에 호기심이 생겨 자신들도 모르게 청중들 속에 섞여 들었다. 이야기를 들어보니 늙은이는 소설 이야기를 들려주고 있었다.
 사람들은 아무도 그의 이름을 알지 못하고 다만 '기이한 이야기를 들려주는 늙은이'라 하여 전기수傳奇叟라고 불렀다. 관중들은 늙은이가 하는 말에 때로는 웃다가 때로는 슬픈 표정을 짓다가 때로는 혀를 차기도 했다. 전기수의 이야기가 이어졌다.
 "그러니께 옛날 세종대왕 시절에 홍아무개란 재상이 있었는디 대대로 명문거족으로 소년 시절에 등과하야 벼슬이 이조판서에 이르니 명망이 조야朝野에 으뜸이요, 나라 사람 중에 그 이름을 모르는 자가 없었단 말이지. 헌디 홍재상은 정실부인 유씨에게서 맏아들 인형을 두었고 춘심이란 계집종에게서 길동이란 둘째아들을 두었겄다."
 "길동이가 서출이니 고생을 했겠네요."
 듣고 있던 한 남자가 말했다.
 "말해 무엇 하것소? 헌디 이 길동이란 아이가 어찌나 영악한지 하나를 들으면 백을 통하는 거여."

"호오!"

"허나 그러면 뭘 허것어? 근본이 천인이니 길동이 나이 열 살이 넘도록 아버지를 아버지라 부르지 못하고 형을 형이라 부르질 못하는 거여. 그러니 자연히 하인이란 자들도 그를 천시하게 되었지."

"저런……."

"쯧쯧, 딱하기도 허지."

주변에 있던 사람들은 하나같이 길동의 처지를 동정했다.

"때는 추구월秋九月 보름이라 달은 밝고 바람은 맑으니 사람의 심회를 돋우지 않것어? 하여 길동이 서당에서 글을 읽다가 갑자기 책상을 밀치더니 이렇게 탄식했것다. '대장부가 세상에 나서 공맹孔孟을 본받지 못할진대 차라리 병법을 배우고 대장이 되어 동정서벌東征西伐하여 국가에 큰 공을 세우고 이름을 만세에 빛냄이 대장부의 쾌사니라. 허나 나는 어찌하여 일신이 적막하고, 부형이 있으되 호부호형呼父呼兄을 못

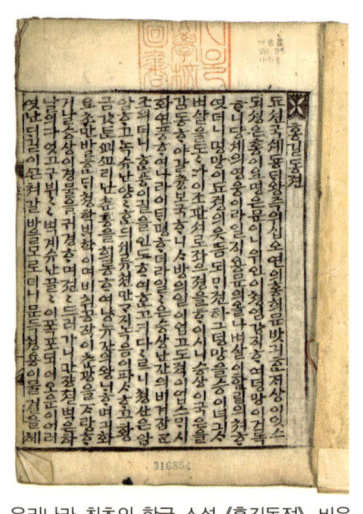

우리나라 최초의 한글 소설 《홍길동전》. 비운의 천재 허균의 작품으로 알려져 있다.

하여 심장이 터질 것 같으니 어찌 통한치 않으리오.'라고 말하지 뭐여."

전기수의 이야기는 한참 동안 쉼 없이 이어졌다.

"장성한 길동은 도적의 무리인 활빈당을 조직하여 조선 팔도로 다니며 각 고을 수령 가운데 불의로 재물을 가진 자가 있으면 재물을 빼앗고, 집안이 가난한 자가 있으면 구제했건만 백성의 재물은 털끝 하나도 범하지 아니하였고, 나라의 재물도 범하지 아니하였것다."

"홍길동이 최고구먼."

"그러게. 길동 같은 인물이 나랏님이 되어야 하는 것인데."

"이 사람, 말조심하게. 잘못하다간 쥐도 새도 모르게 포도청에 잡혀가 경을 칠지도 모르니."

"조용히 하고 다음 얘기를 들어봅시다."

"노인장, 계속하시지요."

전기수 노인은 잠시 뜸을 들이더니 말을 이었다.

"팔도 감사들이 다투어 임금님께 이런 실정을 상세히 적어 장계를 올렸것다. 이에 임금님께서는 좌우포청에 명해 길동을 잡아들이도록 했지."

"그래서 길동이 잡혔나요?"

"잡으려도 잡을 수가 없었지. 길동이란 자가 하도 신출귀몰하여 변장을 하고 다녔응게. 어느 때는 초헌軺軒(수레)을 타고

다니는가 하면, 어사의 모양새로 역졸들을 데리고 와서 고을 수령들 중 탐관오리의 목을 먼저 베고 말하되 '가어사假御使 홍길동의 계문啓聞'이라 하니 나랏님께서 더욱 진노했지."

"그래서 어찌되었나요?"

"……."

전기수가 갑자기 입을 닫고 벙어리가 되어버렸다.

"아니, 그래서 어찌 되었냐구요?"

"어서 다음 얘기를 해보쇼. 답답해 미치것소!"

"……."

"이봐, 아무래도 이 노인네가 돈을 달라는 것 같소. 자, 내가 세 냥을 낼 테니 각자 한 잎씩만 던집시다."

"알겠소. 그럼 댁이 먼저 넣으시오."

괘나리 봇짐을 진 오십대 남자가 엽전 세 냥을 던지자 주위에 있던 자들이 다투어 돈을 던졌다. 이를 일러 요전법邀錢法이라고 했는데 훗날 영조조의 여항시인 조수삼趙秀三은 이렇게 읊었다.

> 아이들과 여자들 안타까워
> 눈물을 떨구고
> 영웅의 승패가
> 어찌 될까 손에 땀을 쥔다.

재미나는 대목에서 말을 뚝 그치니
돈 받는 법 묘하구나.
누군들 뒷말이 듣고 싶지 않으랴.
兒女傷心涕自零 英雄勝敗劍難分
言多黙少邀錢法 妙在人情最急聞

그러자 지금껏 입을 닫고 있던 전기수 노인의 말이 폭포수처럼 쏟아진다.
"그래도 길동이 잡히질 않으니 나랏님께서는 길동의 아비를 의금부에 가두고 형인 인형을 잡아들여 친히 국문하였것다. 그러고는 인형을 경상감사에 제수하여 길동을 잡아들이게 했지 않것어?"
"그래서요?"
"……."
전기수 노인의 말이 또다시 끊어졌다.
"하, 답답하네. 또 돈을 달라는 거유? 이제 돈을 낼 사람도 없을 덴데, 이를 어찌 한다……."
"그러게나 말이유."
이렇게 다들 걱정하고 있을 때였다. 박상궁의 눈짓에 김나인이 엽전 다섯 냥을 던진다. 전기수 노인은 얼굴에 미소를 띠며 더욱 신이 나서 이야기를 이어간다.

"이에 경상도로 부임한 홍감사는 길동에게 자수를 권유하는 방을 붙였것다. 그러던 어느 날 한 소년이 나귀를 탄 채 하인 수십 명을 데리고 문 밖에 와서 감사 뵙기를 청하지 않것어. 그래 홍감사가 혹시나 하는 마음에 들어오게 하여 눈을 똑바로 뜨고 자세히 보니 바로 기다리고 기다리던 길동이라. 인형이 좌우 나졸들을 물리치고 길동의 손을 잡고 슬피 울며 길동을 설득하는디."

이때 박상궁이 김나인에 말했다.

"그만 가자꾸나."

"예, 마마님."

"노인이 소설 이야기를 퍽 재미나게 들려주더구나."

"그러게 말입니다. 소녀도 주저앉아 더 듣고 싶었습니다만 갈 길이 있는지라."

두 사람은 걸어가며 이야기를 계속했다.

"그래, 저 늙은이는 항시 여기서만 이야기를 한다더냐?"

"아닙니다. 제가 듣기로는 달마다 초하루는 첫째 다리(종로 6가), 이틀째에는 둘째 다리(종로 5가), 사흘째에는 이현(배오개), 나흘째에는 교동(낙원동 입구)에 앉고 다섯째에는 대사동, 여섯째 날에는 종루 앞에 앉는데 이레째부터는 다시 거슬러 올라갔다가 내려온다고 하옵니다."

"저런 늙은이가 있으니 소설의 내용이 백성들에게 널리 전해지는구나."

"한양에는 저렇게 소설을 읽어주는 늙은이가 몇이나 되지만 저 노인이 제일 유명하다고 하옵니다. 저 노인은 홍길동전, 춘향전, 심청전은 물론 숙향전淑香傳, 소대성전蘇大成傳까지 거의 모든 소설을 외우고 있다고 하옵니다."

"참으로 신통한 늙은이가 아니냐?"

"그러하옵니다, 마마님."

박상궁의 집들이 날

궁녀 생활을 하면서 착실하게 재산을 모은 박상궁은 어느덧 궐 밖에 집을 사게 되었다. 박상궁이 집들이를 하게 되자 가까운 친척들이 모두 그녀의 집에 모였다.

"제부께서도 오셨네요. 집안은 다들 무고하시죠?"

"처형 덕분에 잘 있습니다."

"언니, 오랜만이우. 몸은 건강한 거유?"

"그래, 아우님 덕분에 잘 있다네."

박상궁이 여동생의 물음에 대답했다. 그때 박상궁의 제부 김득량金得良은 무관직인 오위五衛의 사과司果 벼슬에서 물러나 잠시 쉬고 있었다. 고종조카 되는 전 부장部將 유계신劉繼信도 와 있었다.

집 안에서는 전을 부치고 잔치 음식을 만드느라 분주했다. 이윽고 주안상이 들어왔다.

"제부, 나 때문에 늘 수고가 많소. 자, 한 잔 받으시구려."

김득량은 박상궁이 따라준 술을 단숨에 비워버린다.

"그런데 처형, 이번에 괜찮은 땅이 매물로 나왔는데 사지 않으시려오?"

"어떤 물건이우?"

"전 첨사僉事 오효성吳孝誠이 급히 돈을 쓸 일이 있어 석관동과 종암동의 전답을 매물로 내놓았지 뭐요."

"좀 더 구체적으로 말씀해보시구려."

박상궁이 조바심에 말을 재촉했다.

"석관동에 있는 집터와 밤나무 밭을 합한 반나절갈이, 동자전同字田 하루반나절갈이, 동자답同字畓 네 마지기, 사자답仕字畓 열 마지기, 동자전 하루갈이, 급자답級字畓이 일곱 마지기요, 평자전平字田이 하루갈이외다."

"매물이 크구려."

"이게 다가 아니오. 종암에 영자답詠字畓이 여덟 마지기, 동자전 하루갈이, 집터와 밤나무 밭을 합한 이틀갈이 땅을 정은자正銀子 200냥에 내놓았소."

"그 정도면 가격이 어떻소?"

"모두 합치면 9,000평이 넘는 땅이니 거저라고 할 수 있겠지요."

"그럼 제부가 계신이 조카와 함께 중개를 해주시고, 책임지고 대신 계약을 해주시구려. 내 은혜는 잊지 않으리다."

"우리 사이에 은혜랄 게 뭐 있겠소. 내 그리 할 것이니 아무 염려 마시구려."

"고맙소. 내 돈은 나인을 시켜 보내도록 하겠소."

"알겠소."

"그럼 난 제부만 믿겠소."

"심려 마시래두요."

"자, 그럼 오늘은 우리 맘껏 취해보십시다. 자, 잔을 채우세요."

땅을 사고 하인을 들이다

그로부터 한 달쯤 지난 인조 26년(1648) 6월 박상궁의 집에 제부 김득량과 고종조카 유계신이 다시 모였다.

"자, 받으시오, 처형. 명문明文(계약서)이요."

"수고 많으셨소. 이제 나도 땅을 가지게 되었구려. 이게 꿈이요, 생시요?"

박상궁이 감격에 겨워 되물었다. 지난 40년간 집과 땅을 사기 위해 절약하며 돈을 모았기에 가능한 일이었다.

"꿈이 아니라 생시외다. 어디 팔뚝을 한번 꼬집어보시구려. 아프면 생시일 것이니……."

김득량의 말에 박상궁은 자신의 팔을 꼬집어보았다.

"아야! 아픈 걸 보니 꿈은 아닌 듯싶소."

"하하하하……. 내가 뭐랬습니까? 꿈이 아니라 했지요?"

"그럼 제부께서 이 땅 문서를 한성부에 입안立案(공증)해주겠소?"

"그리하지요."

"그리고 집 안에서 부릴 일 잘하는 하인을 1명씩 구해주시구려."

"하인을요?"

"예. 아시다시피 제가 늘 궁궐 안에서 생활하다 보니 집에 자주 들르지 못합니다. 그러니 집안을 단속하고 땅을 관리할 믿음직한 노비가 필요합니다."

"듣고 보니 그렇군요."

"자, 받으세요, 제부. 서른 냥이에요. 우선 급한 대로 이것으로 좀 알아봐주시구려."

"알겠소. 내 노비를 구하는 대로 대궐에 연통을 넣으리다. 그럼 오늘은 밤이 늦었으니 돌아가보겠소. 편히 주무시구려.

처형."

"늘 고맙습니다, 제부. 멀리 안 나가요."

"잘 있어요, 언니."

"그래, 자네도 고생했네. 그럼 다음에 보세."

박상궁은 여동생에게 살갑게 인사를 했다. 부모님이 모두 돌아가신 지금 박상궁에게는 어려운 일마다 수고를 아끼지 않는 하나밖에 없는 여동생 내외가 가장 의지가 되는 사람들이었다.

다섯 달이 지난 후 제부 김득량으로부터 하인을 구했으니 만나자는 연락이 왔다. 김득량이 박상궁의 집으로 왔고 문서가 든 봉투 하나를 박상궁에게 건넸다.

"저번에 한성부에 입안한 땅문서입니다."

"수고하셨소, 제부."

박상궁은 봉투를 건네받아 내용물을 확인한 후 다시 봉투 안으로 밀어 넣었다.

"하인을 구하셨다구요?"

"그렇습니다, 처형. 저 두 사람이 이번에 하인으로 들인 자들입니다."

김득량이 예의 우렁찬 목소리로 말했다. 박상궁이 보니 건장하고 우직하게 생긴 자와 곱상하게 생긴 여인이 방문 앞에 앉아 있었다.

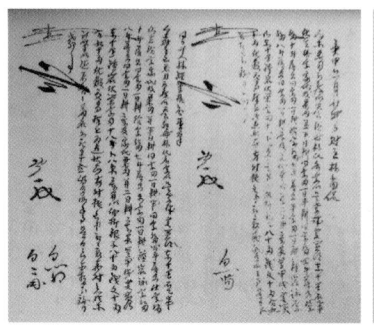 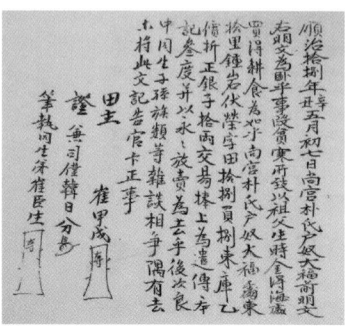

상궁 박씨가 한성부에 공증을 요청한 소지所志(좌)와 노비 대복이 박상궁 대신 땅을 매입한 계약서(우)

"대복大福이는 무얼 하느냐. 어서 주인마님께 인사 올리지 않고서."

김득량의 말에 건장한 체격의 하인 대복이 일어나 박상궁을 향해 인사를 올렸다.

"소인 인사 올립니다, 마님."

"그래, 자네가 바로 대복이란 자인가?"

"그렇습니다요. 제가 바로 큰 대 자, 복 복 자를 쓰는 대복입니다요. 앞으로 무엇이든 명만 내리시면 어떤 일이든 다 하겠습니다."

"어떤 일이든 말인가?"

"예, 마님. 물속에 들어가라면 물에 들어갈 것이요, 불 속에 들어가라면 불에 들어가겠습니다."

"알겠네. 말만 들어도 든든하이. 그래 올해 나이 몇인가?"
"스물여덟이옵니다."
"앞으로 집안일을 잘 부탁하네."
"염려 마십시오, 마님."
"갑순이도 어서 마님께 인사 올리거라."

김득량의 말에 이번에는 갑순이가 김상궁을 향해 큰절을 올린다.

"쉰네 인사 올립니다. 갑순이라 하옵니다."
"그래. 아주 똘망똘망하게 생겼구먼. 앞으로 안살림을 잘 맡아주게."
"예, 마님. 쉰네 부족하오나 성심을 다해 일하겠사옵니다."
"제부께서 수고를 해주셔서 이처럼 믿음직한 아랫사람을 얻었으니 내 이 은혜를 어찌 잊겠습니까? 정말로 고맙고 고맙습니다."
"허허, 은혜라니오. 과찬의 말씀이십니다. 허허."

내탕고의 물건을 훔친 나인

음력 3월 궁궐의 밤은 만물이 깊은 잠에 빠져든 듯 적막하다. 이날도 감찰부의 김나인과 이나인은 변함없이 궁녀들의 방과 내탕고內帑庫 등 궁궐 후원 쪽을 순찰하고 있었다. 아릿고(내탕고) 주변을 살피던 두 사람은 자물쇠가 풀어져 있고 건물 안쪽에서 희미한 불빛이 보이는 것을 감지했다. 김나인이 이나인의 귀에 대고 속삭였다.

"저 안에 사람이 있는 것 같아."

"그러게. 누가 이 밤중에 아릿고에 들어갔을까? 어디 한번 가까이 가보세."

두 사람이 문 앞에 다가서자 김나인이 안쪽을 향해 불러본다.

"게 안에 누가 있소?"

"……."

순간 촛불이 꺼진다.

"안에 사람이 있는 걸 알고 있소. 누군지 어서 앞으로 나오시오."

"……."

안쪽에서는 작은 미동도 감지할 수가 없고 침묵만 흐를 뿐이다.

"나오지 않으면 우리가 안으로 들어가겠소."

"알, 알겠소. 기다리시오."

자신들 앞으로 걸어 나오는 내은이를 본 두 나인은 뜻밖이라는 듯 놀라움을 감추지 못한다.

"아니, 자네는 대비전 세답방洗踏房 나인 내은이가 아닌가?

헌데 이 야심한 밤에 여기서 무얼 하고 있는 겐가?"

"그게……."

내은이 난처한 표정을 지으며 말끝을 흐린다.

"말을 못하는 걸 보니 물건을 훔치려던 것이 분명해 보이네."

"그러게 말이오."

"아, 아니오. 나는 다만……."

내은이 겁에 질린 표정으로 말꼬리를 흐린다. 만약 여기서 물건을 훔친 사실이 밝혀지면 궁녀로서의 삶이 끝날 뿐만 아니라 목숨마저 위태로울 수 있었다.

"아무래도 이 자의 행동이 의심스러우니 몸수색을 해보게."

"알았네."

김나인의 말에 이나인이 내은이의 몸을 더듬는다. 순간 뭔가 딱딱한 물건의 느낌이 손끝에 전해온다. 장신구인 듯싶다. 이나인이 내은이의 몸에서 물건을 꺼내 보이며 호통을 친다.

"이것은 주상 전하의 관모에 다는 옥관자가 아니냐? 그리고 이것은 중전마마의 반지와 은비녀가 아니냐?"

"아, 아니오! 나는 이 물건들과는 상관없소!"

당황한 내은이 고개를 저으며 부인한다.

"네 말이 진실인지 아닌지는 우리와 함께 가보면 알 것이야."

"어딜 말이오?"

"어딘 어디겠느냐? 감찰부지."

"제발 못 본 체하고 한 번만 그냥 보내주면 안 되겠소?"

다급해진 내은이 김나인의 치마를 잡고 통사정을 한다.

"우리들의 임무가 나인들을 규찰하는 것인데, 지금 우리더러 이 일을 눈감아주란 말이냐? 어서 이 자를 포박하시게."

"제발 한 번만……."

이나인이 포승줄로 내은이를 포박하여 끌고 간다. 그들은 곧 감찰부 수장으로 있는 한상정尙正의 집 문 앞에 도착했다.

"한상정마마님, 쉰네 은비옵니다."

은비는 김나인의 이름이다.

"이 야심한 밤에 어인 일인가?"

"아릿고에 든 도둑을 잡았습니다."

"도둑을?"

잠시 후 방 안에 불이 켜지고 한상정이 방문을 열고 밖을 내다본다.

"너는 어느 부서에 있는 나인이냐?"

"대, 대비전 세답방 나인으로 있는 내은이라 하옵니다."

"어찌하여 도둑질을 했느냐?"

"친가의 아버님께서 병이 위독하여 그만…… 잘못했사옵니다! 한 번만 용서하여 주십시오!"

"사정은 딱하지만 내 맘대로 할 수 있는 일이 아니다. 김나인, 이 아이를 일단 감찰부 옥에 가두어두게. 날이 밝은 후 내

친히 문초할 것이야."

이튿날 아랫고에 든 도둑을 잡았다는 보고를 받은 박상궁이 감찰부 수장 한상정을 처소로 불렀다. 이때 박상궁은 부제조상궁의 자리에 올라 있었다.

"찾으셨습니까, 박상궁마마님."

"아랫고에 든 도둑을 잡았다구?"

"예, 마마님. 어젯밤 우리 감찰부 나인들이 순찰을 돌다가 잡았습니다."

"어느 부서에 있는 아이인가?"

"대비전 세답방에서 일하는 내은이라는 아이입니다."

"그 아이는 지금 어디 있는가?"

"감찰부 옥에 가두어두었습니다."

박상궁이 옆에 선 김상궁에게 눈짓을 하자 김상궁이 한상정 앞에 패물이 든 주머니를 내려놓는다.

"많지 않지만 넣어두게. 그리고 그 아이를 내게 인도하게."

"그 아이는 우리 감찰부에서 잡았고, 이미 죄를 지은 아이입니다. 비록 박상궁마마님께서 부제조상궁이라 하더라도 이것은 규정 위반입니다."

한상궁이 불쾌하다는 듯 격앙된 목소리로 따진다.

"자네 입장을 곤란하게 하지는 않을 것이야. 그 아이는 내가 관할하는 아랫고 물건에 손을 대다가 잡혔네. 하여 이번 사건은 내가 해결하고 싶어서 이러는 것일세."

"마마님 심정을 모르는 바는 아니지만……."

"일을 번거롭게 해서 미안하네. 오죽 일이 급하면 내가 이렇게 긴히 부탁을 하겠는가?"

"이를 어쩐다……. 네, 알겠습니다. 박상궁마마님께서 이처럼 간절하게 부탁하시는데 끝내 거절하는 것도 예의가 아닌 듯합니다. 이번 한 번만 마마님 뜻을 따르겠습니다."

"고맙네. 참으로 고마워."

이튿날 감찰부 김나인과 이나인이 내은이를 박상궁의 처소로 데려갔다.

"자네들은 그만 돌아가게."

"예, 마마님."

"내은이는 안으로 들어오너라."

내은이 방문을 열고 박상궁의 방으로 들어왔다. 두 사람이 자리를 잡고 마주 앉았다.

"오랜만에 뵙습니다. 마마님. 심려를 끼쳐드려 송구하옵니다."

"네가 그런 짓을 할 아이가 아니라고 믿었는데 무척 실망스럽구나."

"드릴 말씀이 없습니다."

내은이의 목소리가 떨려나왔다.

"어쩌다가 그런 짓을 하게 되었느냐?"

박상궁의 물음에는 안타까움이 묻어 있었다. 박상궁은 평소 내은이 자신의 딸이라도 되는 양 귀여워했고, 이번 일을 진심으로 안타까워하고 있었다.

"앞으로는 두 번 다시 도둑질을 하지 않겠다고 나와 약속할 수 있겠느냐?"

"이번 일만 용서해주신다면 다시는 불미스러운 일이 없도록 하겠사옵니다."

"그 말 믿어도 되겠느냐?"

"마마님께서 하해와 같은 은전을 베푸시는데 이 미천한 것이 어찌 다시 죄를 짓겠습니까? 믿어주시옵소서."

"오냐. 그리하겠다니 내가 네 말을 믿고 널 돌려보내주마. 앞으로 만일 또다시 이런 일이 있을 때는 내 너에게 엄벌을 내릴 것이야."

"명심, 또 명심하겠사옵니다."

감읍한 내은이 머리를 거듭 조아린다. 이렇듯 박상궁의 간절한 노력 덕분에 내은의 내탕고 도난 사건은 조용히 마무리되었다.

궁중 안 추문 사건

저녁을 먹고 난 박상궁이 무료함을 달랠 겸 오랜만에 방 안에서 난을 치고 있었다. 그때 밖에서 다급한 목소리가 들렸다.
"박상궁마마님, 계시옵니까? 김상궁이옵니다!"
"야심한 밤에 어인 일인가?"
박상궁은 김상궁의 떨리는 목소리를 듣고 뭔가 심상치 않은 일이 벌어졌음을 직감했다.
"쉰네, 들어가 아뢰겠습니다!"
"어서 들어오시게."
박상궁의 방에 두 상궁이 마주 앉았다.
"내게 할 말이란 게 무언가?"
"대비전에 귀열貴烈이라는 나인을 아시지 않습니까?"
박상궁의 물음에 김상궁이 되물었다.
"알다마다. 귀열이가 가끔 내게 찾아와 외롭다는 이야기를 했었지. 그런데 그 아이에게 무슨 일이라도 생긴 겐가?"
"그렇습니다, 마마님. 그 아이가 사내와 정을 통하여 임신한 사실이 감찰부 한상정에게 발각되었습니다."
"아니, 어떻게 궁중에서 이런 일이 일어날 수 있단 말인가? 어떻게 이런 일이……."
"마마님, 지금 한탄만 하고 있을 때가 아니옵니다. 지금이라도 그 아이를 살릴 방도부터 찾아야 할 게 아니옵니까?"

"이미 늦었네. 일을 감찰부에서 알게 되었다면 나로서도 어쩔 도리가 없어. 일단 감찰부에서 밝혀진 비리는 곧 내시부에 연통하여 주상 전하께 아뢰도록 되어 있으니 말일세."

"그러면 이를 어찌 하면 좋단 말씀입니까?"

"도대체 상대 남정네가 누구라 하던가?"

"서리로 있는 이흥윤李興允이란 사람인데 귀열의 형부 되는 자라 하옵니다."

"어허, 이를 어찌 한다. 나로서도 도울 방도가 없으니!"

소식이 알려지자 이흥윤은 도망쳐 숨었고 귀열만 잡혀 내수사 감옥에 홀로 갇혔다. 귀열은 이곳에서 사내아이를 낳았지만 축복받지 못한 불행의 씨앗일 뿐이었다.

임금 현종은 이 사건을 형조에 회부해 법률을 적용하게 했다. 형조에서 목을 매는 교수형에 처해야 된다고 아뢰자, 진노해 있던 현종은 등급을 높여 목을 베는 참수형에 처하라고 명했다. 형조에서 법조문을 인용하여 다시 아뢰었지만 따르지 않았다. 승정원에서도 "법이 한 번 잘못 시행되면 뒤에 폐단이 적지 않으니 형조에서 진언한 대로 시행할 것"을 청했지만 현종은 요지부동이었다. 귀열의 부모 또한 사실을 알고도 알리지 않았다는 이유로 형신을 받고 유배형에 처해졌다.

상궁의 으뜸 자리에 오르다

궁중 안 추문 사건이 일어난 지 몇 년의 세월이 흐른 후 드디어 박상궁은 육백 궁녀를 호령하는 제조상궁의 자리에 올랐다. 제조상궁의 첩지帖紙를 받는 날 외소주방外燒廚房에서는 잔치 음식을 만드느라 분주했다. 이윽고 오초午初(오전 11시)경 내시부 수장인 김상선尙膳이 내시 두 사람을 대동하고 박상궁의 처소 앞으로 왔다.

"박상궁은 어서 나와 주상 전하께서 내리신 첩지를 받으시오."

내관의 목소리에 박상궁이 젊은 두 상궁의 부축을 받으며 문을 열고 나왔다. 문 앞 마당에 미리 깔아 놓은 돗자리가 보였다. 박상궁이 돗자리에 꿇어앉자 김상선이 첩지를 읽기 시작했다.

"박상궁을 내명부 궁관의 수장인 제조상궁에 임명하노니 성심을 다해 과인을 보필하도록 하라."

첩지를 다 읽고 나자 하내관이 받아서 박상궁에게 전했고 박상궁은 허리를 굽혀 공손히 받아들였다.

"성은이 망극하옵니다, 전하!"

나인 하나가 나와서 첩지를 받아갔고 이어서 박상궁은 임금께서 관직을 제수해주신 데 대한 감사 인사인 사은숙배謝恩肅拜를 올렸다.

"전하, 이 늙은 것이 앞으로 목숨을 버리는 한이 있더라도 성심을 다해 직무에 임하겠나이다. 결코 전하의 뜻을 저버리는 일이 없도록 하겠나이다."

"내 자네의 뜻을 전하께 그대로 전해 올리겠네."

"고맙습니다, 상선 영감."

"앞으로 성심을 다해 주상 전하를 보필해주시게."

"그리하겠습니다. 궁궐 일에 밝으신 상선 영감께서 앞으로 많이 가르쳐주셨으면 하옵니다."

"알겠네. 앞으로 서로 도우면서 전하를 잘 보필토록 하세."

"예, 영감……."

"일을 마쳤으니 난 이만 돌아가보겠네. 오늘은 경사스러운 날이니 다른 궁관들과 즐거운 시간을 보내시게."

"영감께서 오신다기에 따로 상을 봐두었습니다. 변변찮은 음식이오나 사양치 마시고 드시고 가시기 바랍니다."

"허허, 그리 간청을 하니 끝내 사양하는 것도 예가 아닐 터……. 자, 같이들 가서 들고 가세나."

"예, 영감."

두 내관이 허리를 굽혔다.

내관들이 돌아가고 나자 각 전각 부서의 상궁들이 차례로 선물을 들고 와 박상궁에게 하례를 올렸다.

"중궁전 수라간을 맡고 있는 하상궁이옵니다. 박상궁마마님의 승차를 진심으로 감축 드립니다."

"고마우이."

말을 마친 하상궁이 보자기에 싼 작은 나무상자 하나를 내밀었다.

"제 작은 정성입니다. 변변치 못하오나 받아주셨으면 합니다."

"이것이 뭔가?"

"육년근 인삼입니다. 저희 부서의 아이를 시켜 운종가(종로거리)에서 직접 사온 것이옵니다."

"이럴 것까지는 없는데……. 아무튼 자네가 준비한 것이니 내 감사히 받겠네."

"고맙습니다, 마마님."

계속해서 상궁과 나인들의 하례를 받고 난 박상궁은 그녀들에게 음식을 대접하면서 으뜸 상궁이 된 기쁨을 누렸다.

이제 박상궁에게 남은 걱정은 후사뿐이었다. 평생 동안 절약하며 큰 재산을 모았고 남부럽지 않은 자리까지 올랐지만 자신의 노년을 보살펴줄 사람이 필요했다. 박상궁은 결국 양손자를 들이기로 결심하고 동생 부부를 불렀다.

"제부, 이제 땅도 사고 하인도 들였으니 뒤를 이을 양손자를 한 명 보았으면 합니다."

"양손자를요?"

"그렇습니다. 그래야 평생 동안 모은 재산을 다 물려주고 편안히 세상을 하직할 듯합니다."

"그러면 제가 박씨 일가 중에 양손자가 될 만한 아이를 알아보겠습니다."

"이번에도 그리해주시겠습니까? 일마다 신세를 지니 뭐라 감사의 말씀을 드려야 할지 모르겠습니다."

두 주가 지난 후 김득량으로부터 양손자가 될 만한 재목을 구했다는 전갈이 왔다.

"제부, 어서 안으로 드시지요."

"네, 처형. 이 아이가 바로 양손자로 들일 아이입니다."

"아, 아주 똘똘하게 생겼네요."

"상간이는 어서 양조모님께 인사 올리거라."

"할머님, 인사 올리겠습니다. 박상간朴尚侃이라고 하옵니다."

김득량의 말에 아이가 일어나 박상궁을 향해 큰절을 올렸다. 박상궁은 그 모습을 흐뭇한 얼굴로 바라보고 있었다.

"참으로 영특하게 생겼구나. 그래, 올해 몇 살인고?"

"예, 할머님. 일곱 살이옵니다."

"먼 길 오느라 고생 많았다. 오늘 밤은 이 할미와 함께 자자꾸나."

"예, 할머님. 앞으로 할머님의 기대를 저버리지 않겠습니다."

"암, 그래야지. 그래야 하구 말구……."

금강산 단풍놀이 풍경

양손자를 들인 후 다시 몇 년의 세월이 흐르고, 단풍이 물들고 낙엽이 지는 가을이 다가왔다. 이때는 깊은 궁궐 안 궁녀들의 마음도 설레기는 매한가지다. 제조상궁 박명순은 상궁한 사람과 나인 세 사람, 기생과 악단, 짐을 나를 관노를 대동하고 금강산으로 단풍놀이를 가기로 했다. 함께 가는 궁녀들은 오랫동안 궁 안에 갇혀 소풍다운 소풍 한 번 못 가본 불쌍한 여인들이었다.

"이상궁, 차질 없이 행랑을 꾸리도록 하게."

"예, 심려 마십시오. 외소주방에다 과일과 약과, 떡 등을 준비하라고 일러놓았습니다."

"수고했네. 내시부와 액정서掖庭署에도 연통을 넣어 짐을 나를 내수사內需司 관노 몇 사람과 신변을 지켜줄 별감 두어 사람을 물색하도록 하게."

"알겠습니다, 마마님."

"그리고 내일 궁궐 밖 집에 가서 손자 상간이에게 타고 갈 말 스무 필과 기녀, 그리고 소리꾼을 알아보라 전하게."

마침내 출발하는 날인 10월 초닷샛날이 밝았다. 하늘은 구름 한 점 없이 높고 푸르렀다. 박상간은 집에서 이미 모든 여장을 꾸리고 박상궁 일행이 오기를 기다리고 있었다. 잠시 후 박상궁 일행이 집에 도착했다. 박상궁이 가마에서 내리자 기다리던 손자 상간이 그녀를 맞이했다.

"어서 오십시오, 할머님. 여장을 꾸리고 기다리고 있었습니다."

"수고가 많았다. 이 사람들이 같이 갈 기녀와 소리꾼들이냐?"

박상궁이 화려하게 차려입은 기녀 세 사람과 악기들을 들고 서 있는 소리꾼들을 보고 물었다.

"그렇습니다, 할머님. 이보시게들, 어서 할머님께 인사 올리시게."

박상간이 기녀와 소리꾼들에게 말했다.

"소녀 춘심이라 하옵니다. 무엇이든 하명만 주시면 성심껏 받들겠습니다."

"소녀 이월이라 하옵니다."

"소녀는 단심이라 하옵니다."

"이번에 소리패를 이끌 김말수라고 하옵니다. 부족한 저희를 불러주셔서 감사하옵니다."

"감사하옵니다."

소리패들이 김말수를 뒤따라 허리를 굽혔다.

"다들 먼 길 오느라 수고가 많았네. 남들은 평생 동안 가보기 어려운 금강산을 이렇게 둘러보게 되었으니 자네들도 감회가 새로울 것이야. 우리 한번 즐겁게 놀다 오세나."

"알겠습니다, 마마님."

"상간이는 내가 다녀올 때까지 집을 부탁한다."

"염려 마시고 편히 다녀오십시오, 할머님."

"그래, 고맙구나. 이별감, 출발토록 하세."

건장한 체격에 무인다운 기운이 느껴지는 이별감이 일행을 향해 말했다.

"자, 이제 금강산으로 출발할 테니 다들 말에 오르시게."

일행은 모두 박상간의 집에서 마련한 말을 타고 출발했는데, 나이와 지위가 있기 때문에 박상궁만 궁에서 타고 온 가마를 탔다. 금강산을 향한 긴 행렬이 꼬리를 물고 마을길을 벗어나고 있었다. 별난 광경을 보려는 사람들로 마을길은 문전성시를 이루었다.

"훠이, 물렀거라! 박상궁마마님 행차시다!"

이별감이 앞에서 우렁찬 목소리로 벽제辟除(잡인의 통행을 금하는 일)를 했다.

"어디로 가는 상궁 행렬이기에 이다지도 길단 말인가? 기녀와 하인까지 대동하고……."

"글쎄, 나라의 최고 상궁인데 금강산 구경을 간다지 뭐유."

한 남정네의 물음에 주모가 대답했다.

"우리 같은 상것들은 평생 동안 금강산 가보기가 어려운데, 나랏님 모시는 상궁은 저렇게 많은 사람을 대동하고 구경 가니 벼슬이 좋긴 좋은가 보네."

"그러게 말이에요."

박상궁 일행의 행차를 지켜보던 사람들은 저마다 부러운 듯 한마디씩 했다. 박상궁 일행은 한양을 출발한 지 닷새 만에 목적지인 고성 삼일포에 도착했다.

"관동팔경 중 하나인 고성 삼일포이옵니다. 금강산 중에서도 바닷가 쪽에 해당되어서 해금강海金剛이라 하는데 신라 때 네 화랑이 삼 일 동안 머물다 간 곳이라 하옵니다."

"그 이야기는 나도 책에서 보아서 알고 있소. 화랑들 이름이 영랑永郎, 술랑術郎, 안상安祥, 남석행南石行인데 모두가 당대에 이름난 화랑들이었다지. 저기 섬 가운데 있는 정자가 사선정四仙亭인가? 고려 충숙왕 때 관리로 왔던 박숙정朴淑貞이라는 학사가 화랑들이 머문 곳에 지었다더군. 자, 우리 이렇게 유서 깊은 곳에서 한번 놀다 가야 하지 않겠소?"

"지당한 말씀이시옵니다. 짐을 부리도록 하겠습니다."

일행들은 말에서 짐을 내린 후 배에다 짐을 싣고 섬 안 사선정으로 들어갔다. 어느덧 여인들이 점심 준비를 마치고 밥상을 올렸다.

"자, 다들 올라오시구려. '금강산도 식후경'이라 했으니 우리 우선 요기부터 해결하고 노십시다."

"알겠습니다. 마마님."

해금강에 있는 삼일포와 사선대의 풍경

정자 위에 진수성찬이 가득 차려졌다. 박상궁이 약과 하나를 집어 한 입 물어본다.

"이 약과는 외소주방에서 빚은 것인가?"

"그러하옵니다. 맛이 어떠신지요?"

박상궁의 물음에 이상궁이 되묻는다.

"입 안에서 살살 녹는구먼. 여행 중에 먹는 것이라 그런지 더 맛이 있네그려. 역시 약과는 우리 궁중에서 빚은 약과가 제일일세."

"마마님께서 소풍을 다녀오신다기에 외소주방의 김상궁이 특별히 신경 써서 좋은 재료로 만든 것이옵니다."

"오, 그래? 내 궁으로 돌아가면 김상궁에게 따로 인사를 해야겠네. 돌아갈 때 시장에서 김상궁에게 줄 선물을 하나 사도록 하게."

"알겠습니다. 김상궁도 좋아할 것입니다."

"이상궁, 식후에 내 시를 한 수 쓸 것이니 지필묵을 좀 준비해주게."

"시를 지으시게요?"

"이 좋은 곳에 와서 어찌 시 한 수를 안 지을 수 있겠는가?"

잠시 후 식사를 마친 일행은 본격적인 여흥을 즐길 준비를 했다. 기생들과 소리패들이 정장을 하고 악기를 앞에 놓고 앉았다. 박상궁 앞에는 벼루가 놓였는데 나인 한 명이 먹을 갈았다.

"화선지를 펼치거라."

나인이 박상궁 앞에 화선지를 펼친다. 일찍이 서사상궁을 하면서 글씨로 이름을 날렸던 박상궁은 붓에 먹물을 찍어 한시를 써내려간다.

願生高麗國
一見金剛山

원컨대 고려국에 태어나서
금강산을 한 번 보고 싶네.

"마마님의 글씨는 언제 봐도 명필이옵니다!"

사람들이 모두 박상궁의 필체를 보고 감탄을 한다.

"마마님, 이는 소동파蘇東坡의 시가 아닙니까?"

시 쓰는 걸 지켜보던 이상궁이 묻는다.

"그렇다네. 자네도 알고 있군. 중국의 이름난 시인 묵객들이 저마다 금강산을 찬미했지. 소동파뿐 아니라 우리 조선에 사신으로 왔던 주지번朱之蕃이란 사람도 비슷한 시를 지었어. 중원 사람들은 누구나 우리 조선의 금강산을 한 번 보고 죽는 것을 평생소원이라 한다네."

"그렇군요. 중원 사람들이 평생 한 번 보기를 소원한다는 멋진 풍경이 지금 바로 우리 눈앞에 펼쳐져 있군요."

"그래. 그러니 우리가 이 멋진 곳에서 어찌 풍류를 즐기지 않을 수 있겠나? 자, 풍악을 울리고 멋지게 한번 놀아보세."

"예, 알겠습니다. 어서 풍악을 울리게!"

이별감의 명에 기생들이 일어나 부채춤을 추고 소리패들은 악기를 연주한다.

"청산리靑山裏 벽계수碧溪水야 수이 감을 자랑마라~"

"얼씨구~"

기생 하나가 시조창을 하자 남자 악사가 북채로 추임새를 넣는다.

"일도창해一到倉海하면 다시 오기 어려우니~"

"올커니~"
"명월明月이 만공산滿空山 하니 쉬어 간들 어떠리~"
"좋다~"
서서히 유흥의 분위기가 무르익어 가고 있었다.
"이별감, 한 잔 받으시게."
"예, 마마님."
"방금 부른 소리는 중종대왕 시절 송도의 명기 황진이가 부른 시조가 아닌가?"
"그렇습니다. 한양으로 돌아가려는 왕족 벽계수碧溪守를 붙들어두고 싶은 마음에 지은 시조라고 들었습니다만."
박상궁의 물음에 이별감이 대답했다.
"그렇다네. 벽계수 이종숙李終叔은 한양을 출발할 때 자신은 절대로 여색에 혹하지 않는다고 자신했지만 결국 황진이의 매력에 끌려 송도에 주저앉고 말았지."
"그렇군요. 여인네의 힘이 무섭긴 무섭네요."
"그렇지. 비록 남정네의 심지가 굳다 하나 어찌 여인네의 집념을 당하겠는가? 그래, 다음 공연은 무엇인가?"
"예. 이번에는 검무를 보여드릴까 합니다."
"그 유명한 진주 검무 말인가?"
이별감이 기생과 악단 쪽을 보더니 공연을 지시했다.
"시작하시게."

명이 떨어지자 전립을 쓴 기녀 3명이 검무용 칼을 들고 장단에 맞춰 춤을 추기 시작했다. 그들의 놀이는 해가 저물도록 이어졌다.

이튿날 박상궁 일행은 내금강內金剛을 향해 길을 떠났다. 긴 행렬이 산 능선을 따라 용꼬리처럼 이어졌다.

"금강산은 계절마다 다른 이름들을 가지고 있지. 자네는 그걸 알고 있는가?"

"예. 듣긴 했습니다만 그것이……."

신윤복이 그린 〈쌍검대무雙劍對舞〉. 김만중의 〈관황창무觀黃昌舞〉에 따르면 검무는 기녀들에 의해 가면 없이 연희되었다고 한다.

박상궁의 물음에 이별감이 뒷말을 어물거린다.

"봄에는 온 산이 새싹과 꽃으로 뒤덮이므로 금강산金剛山이라 하고, 여름에는 봉우리와 계곡에 녹음이 깔리므로 봉래산蓬萊山이라 하며, 가을에는 일만이천봉이 단풍으로 곱게 물들므로 풍악산楓嶽山이라 하고, 겨울이 되어 나뭇잎이 지고 나면 암석만 앙상한 뼈처럼 드러나므로 개골산皆骨山이라 한다네."

"그렇군요. 신라 경순왕의 왕자인 마의태자가 이곳 금강산으로 들어왔었다고 들었습니다만."

"그렇다네. 신라 마지막 임금인 경순왕이 나라를 고려에 선양하려 하자 마의태자는 '나라의 존망에는 반드시 천명이 있으니 마땅히 충신과 의사義士로 민심을 수습하여 스스로 굳게 하다가 힘이 다할 때 마지막을 맞아야지, 어찌 천년사직을 하루아침에 쉽사리 넘겨줄 수 있겠습니까?' 하고 반대를 했지."

"태자의 말에도 일리가 있질 않습니까?

"물론 태자의 말도 일리가 있지만 경순왕으로서는 애꿎은 백성들이 적국 군사들에게 어육이 되는 꼴을 볼 수 없었을 걸세."

"그래서 어찌 되었습니까?

이별감이 호기심 어린 얼굴로 되물었다.

"결국 뜻을 이루기 어렵다고 생각한 마의태자는 눈물로 부왕에게 이별을 고하고 이곳 개골산으로 들어왔지. 바위에 의지하여 집을 짓고 베옷과 초식으로 연명하다가 장안사 영원

아름답게 물든 내금강의 단풍 풍경

암에서 생을 마쳤다고 하네."

"참으로 서글픈 역사입니다그려."

이야기를 하며 걷고 있는 사이 어느덧 일행은 금강산 장안사 근처 명경대에 도착했다.

"마마님, 저기를 좀 보십시오. 온통 단풍으로 붉게 물들었습니다요."

"그래서 가을의 금강산을 풍악산이라 하질 않는가? 다른 사람들은 평생 구경하기 어려운 금강산의 단풍을 이처럼 호사스럽게 누리다니, 우리는 참으로 복 받은 사람일세."

"그러게나 말입니다. 마마님. 허허허."

전 재산을 헐값에 팔아버린 양손자

금강산을 유람하고 돌아온 지도 어느새 13년이라는 세월이 흘렀다. 이제 여생이 얼마 남지 않았음을 느낀 박상궁은 양손자 상간이가 자기 없이도 잘 살아갈 수 있을지 걱정이었다. 결국 박상궁은 땅을 더 물려줘서 양손자가 평생 살아가는 데 불편하지 않도록 해야겠다고 결심했다.

"대복이 게 있는가?"

"예, 마님."

박상궁의 부름에 하인 대복이 재빨리 달려와서 허리를 굽혔다.

"자네가 이번에 싼 전답이 나온 게 있는지 좀 알아봐줘야겠네."

"땅을 사시려구요?"

"내가 앞으로 살아야 얼마나 더 살겠나? 손주 녀석이 살아가는 데 조금이라도 고생을 덜어주고 싶네."

"그렇잖아도 종암동에 좋은 매물이 나왔다는 소식이 있습니다."

"그래? 어떤 매물인지 더 자세히 말해보게나."

"예, 최갑술이라는 자가 종암동에 있는 영자전 18부負 8속束을 정은자 10냥에 내놓았습니다."

"오, 잘 되었군! 그러면 자네가 최갑술이라는 사람을 만나보고 서둘러 계약을 추진해주시게."

"예, 그리하겠습니다."

어느덧 칠순을 넘겨 이제는 더 이상 궁에서 일하기가 어렵다고 느낀 박상궁은 궁인직에서 물러나 사저로 돌아왔다. 이때가 현종 5년(1664)이었다. 그로부터 또다시 5년이 지난 현종 10년(1669) 박상궁의 지병이 깊어졌다. 박상궁이 누운 안방에 양손자 박상간과 동생 부부가 모였다.

"이제 살날이 얼마 남지 않은 것 같구려. 제부, 부디 우리 상간이를 잘 부탁합니다."

"예. 상간이는 제가 잘 돌볼 테니 너무 염려 마시고 어서 쾌차하십시오."

"그래요, 언니. 힘내세요."

여동생 부부의 말에 박상궁은 고개를 가로저었다.

"아니야. 내 명은 내가 알아. 상간이는 듣거라. 이 할미가 없더라도 내가 물려준 가산을 잘 보존하겠다고 약속할 수 있겠느냐?"

"예, 할머님. 그런 심려는 놓으시고 어서 쾌차하세요……."

"상간아, 올해 네 나이 몇이더냐?"

"스물넷이 되었습니다."

"아, 네가 이 집에 들어온 지가 엊그제 같은데 벌써 그리 되었다니……."

이튿날 새벽, 상궁 박명순은 파란만장했던 삶을 마감했다. 그러나 박상궁이 세상을 떠난 후 박상간은 박상궁이 평생 동안 모아놓은 그 많은 재산을 원래 값의 절반도 안 되는 헐값에 팔아버리고 말았다. 박상궁이 믿고 의지했던 양손자 박상간은 실은 가산을 지킬 의지도, 능력도 없는 사람이었던 것이다.

국경을 넘어 사랑한
궁녀의 비극,
리진

 프랑스 공사 플랑시, 궁녀 리진을 만나다

콜랭 드 플랑시Collin de Plancy(1853~1922)는 처음으로 조선에 부임한 주조선 프랑스 공사였다. 서울에 온 지 3년째 되던 1890년 음력 2월 8일, 그는 조선 왕궁에서 개최되는 연회에 초대받게 된다. 이것이 자신의 운명을 바꿔놓은 단초가 될 줄은 아마 생각지 못했을 것이다.

꼬레의 왕 고종이 좌우빈객들에게 인사를 했다.

"오늘은 세자의 생일이기에 특별히 각국 공사들을 초청한 것이오. 그러니 다들 마음껏 즐기도록 하시오."

왕의 말에 각국 공사들이 일어나 예를 표했다.

"전하, 공무다망하심에도 이렇게 불러서 위로해주시니 황공하옵니다."

"아니오. 자, 어서 풍악을 울리도록 하라."

"예, 전하. 풍악을 울려라!"

승지가 왕명을 전달하자 전악典樂(장악원掌樂院 정6품의 관직)이 박拍을 침과 동시에 악공들이 아악을 연주하고 여령女伶들이 포구락抛毬樂을 추기 시작했다. 당시 38세의 총각이던 플랑시는 그중 유난히 눈에 띄는 한 무희에게서 눈을 떼지 못했다. 유럽인의 푸른 눈에 비친 그녀는 너무나 청순하고 아름다워 보였다.

'아, 마치 여신 같은 자태가 아닌가!'

연회가 끝나 갈 무렵 플랑시는 평소 친하게 지내던 시종무관을 통해 고종에게 자신이 마음에 두고 있는 무희를 내려달라고 간청했다. 인자한 표정의 꼬레 왕은 얼굴에 미소를 지으며 그리하도록 허락했다. 플랑시는 벌떡 일어나 감사의 표시로 왕에게 인사를 했다. 연회가 끝나자 시종무관이 무희를 플랑시에게 안내했다.

"법국法國(프랑스)의 갈림덕葛林德('콜랭 드'의 차음) 공사시네. 앞으로 법국 공사관에서 공사님을 모시라는 주상 전하의 명일세. 인사 올리시게."

"예, 나리. 소녀는 장악원에서 노래를 하고 춤을 추는 여령

양장을 한 개화기 궁녀의 모습. 완전히 변화된 궁녀의 모습을 통해 당시 시대가 얼마나 급격하게 변화했는지 짐작할 수 있다. 국사편찬위원회 소장

이진李眞이라 하옵니다. 잘 부탁드립니다."

"리진이라……. 참으로 아름다운 이름이구려. 반갑소, 나는 법국 공사인 갈림덕이라 하오. 마드모아젤 리, 나와 함께 가마를 타고 법국 공관으로 가지 않겠소?"

"네, 공사님. 그런데 공사님, 마드모아젤이 무슨 뜻이온지……."

처음 듣는 프랑스어에 리진이 호기심 어린 눈으로 되물었다.

"하하하! 그건 말이오, 미혼 여성에 대한 호칭으로 조선으로 말하면 김양, 이양 하는 말이오."

"아, 그렇군요."

신기한 공사관 생활 그리고 결혼 약속

프랑스 공사관은 서소문에 자리 잡고 있었는데, 공사관 일대는 서울에서 가장 아름다운 구역이었으며 공사관으로 들어오는 길은 넓고 깨끗했다. 공사관은 전통 한옥으로 지어졌는데 앞쪽에는 채소밭과 단층 양옥이 자리하고 있었다.

"들어오시오, 리진. 이곳이 내 집무실이오."

"예, 저 그림 속 건물들은 법국의 서울인가요?"

리진은 벽에 걸린 흑백 사진 하나를 가리켰다.

"저건 그림이 아니고 사진이라 하오. 조선에는 아직 사진이 없지만, 우리 프랑스와 미국 등 서양에서는 사진기를 이용해서 사람이나 물체를 똑같이 복제할 수 있다오. 리진의 말대로 저 사진은 프랑스의 서울인 파리의 센 강변 모습이오. 파리는 세상에서 가장 아름다운 도시들 중 하나라오."

"어머나, 저도 파리에 한 번 가볼 수 있을까요?"

리진이 동경 어린 눈빛으로 물어왔다. 그 가련한 눈빛에 플랑시의 심장은 더욱 고동쳤다.

"이제 당신은 법국 공사관 소속이 되었으니 내가 허락하면 가능하오."

"하루 빨리 그날이 왔으면 좋겠어요."

이번에는 리진이 과일을 그린 정물화를 가리키며 말했다.

"저 그림은 우리 조선 그림과는 다르게 정말 살아 있는 것처럼 보여요."

"저것은 물감이라는 것을 사용해 천에 붓으로 그린 그림이

오. 물론 저 그림도 아름답긴 하지. 하지만 조선의 신윤복이란 화가가 그린 풍속도를 한 번 본 적이 있는데, 색채가 화려한 것이 그 역시 나름대로 아름다웠소."

"그러시군요."

"이제부터 공사관에서는 조선 옷은 벗고 우리 프랑스 여인이 입는 옷을 입고 생활하도록 하시오."

프랑스 공사관에서 생활하게 된 리진은 곧 프랑스어를 배웠고 프랑스 요리하는 법을 배워서 플랑시에게 선보이기도 했다. 하지만 두 사람의 꿈같은 나날들은 그리 오래가지 못했다. 1891년 5월 플랑시가 주일 프랑스 공사관의 1등 서기관으로 발령을 받았기 때문이다.

이미 리진의 매력에 빠져든 플랑시는 그녀 없이는 하루도 살아가기 어려울 것 같았다. 고민을 거듭하던 플랑시는 리진을 데려가기로 마음먹고 그녀에게 사랑을 고백했다.

"리진, 나는 당신이 없으면 잠시도 살아가기 어려울 듯하오. 나와 결혼해주겠소?"

"하지만 공사님께서는 고향에 부인과 자식이 있지 않나요?"

"아니오. 난 아직 미혼이오."

"정말요? 그 말 믿어도 되나요?"

"하늘을 두고 맹세하오. 난 결코 결혼한 적이 없소."

"그런데 공사님께서는 이미 혼기를 넘기신 것으로 아는

데……. 실례가 안 된다면 정확한 나이를 여쭤도 될까요?"

"프랑스 나이로는 38세, 조선 나이로는 39세요."

"어머나! 우리 조선에서는 스무 살 전에 결혼을 하는 게 관례인데 어쩌시다가 지금까지……."

안타깝다는 표정을 지으며 리진이 말끝을 흐렸다.

"하나님께서 리진과 짝지어주려고 그랬나 보오."

"어머, 공사님!"

리진은 부끄러운 듯 고개를 숙였다.

조선을 떠나기에 앞서 플랑시는 평소 친하게 지내던 이들을 공사관으로 초대해 송별연을 베풀었다. 이 자리에는 각국 공사들과 평소에 친하게 지내던 민영환閔泳煥 등 조선의 고위 관료들이 초대받았다. 파리동양어학교 동문이자 조선 주재 2대 프랑스 공사로 부임해 올 이폴리트 프랑댕Hippolyte Frandin(한국 이름은 법란정法蘭亭)도 와 있었다.

당시 프랑댕은 청나라 톈진 주재 프랑스 영사관의 영사로 근무 중이었는데, 여기에 나오는 리진의 이야기는 그가 지은 《한국에서En Corée》의 기록에 기초한 것이다.

"오, 프랑댕! 어서 와요. 이게 대체 얼마 만이오?"

"오랜만이오, 플랑시. 일본으로 떠난다기에 얼굴이나 좀 보고 가려고 일주일 휴가를 내어 왔소. 그동안 서울 구경이나 좀 하고 돌아갈까 생각이오."

"잘 생각하셨소. 텐진에는 별 일 없죠?"

"아무 염려할 일 없소. 그런데 옆에 한복을 입고 서 있는 조선 여인은 누구요? 일전에 말했던 그 여성인가 보군."

"그렇다오. 바로 내가 말하던 리진이요. 나는 이 여자와 결혼하기로 했소. 당신은 이 여자의 마음씨가 얼마나 고운지 모를 거요. 그녀는 조선에서는 여신이 될 만한 미인이며, 우리 프랑스에서는 천사와 같은 대우를 받을 만한 사람이오. 아, 리진! 이분은 내 오랜 친구이자 파리동양어학교 동문인 텐진 주재 영사 프랑댕이오. 인사드려요."

"리진이라 합니다. 공사님께 말씀 많이 들었습니다."

리진이 다소곳이 인사를 올리자 프랑댕은 잠시 동안 얼이 나간 양 그 자리에 멍하니 서 있었다.

"아니, 이 사람! 리진이 인사를 하는데 안 받고 뭘 하고 서 있나! 혹시 내 아내를 가로챌 생각일랑 아예 마시게!"

플랑시가 프랑댕에게 눈을 흘겼다.

"하하하, 이 사람이 농담하고는. 아, 플랑시는 제가 아끼는 좋은 친구입니다. 앞으로 두 분께서 행복하게 잘 사셨으면 합니다."

"중국에서 일부러 오셔서 축하해주시니 뭐라 고마움을 표현해야 할지 모르겠습니다. 감사합니다."

계속되는 이국 생활과 조선에 대한 그리움

플랑시와 리진이 조선을 떠나는 날인 1891년 6월 19일이 밝았다. 많은 사람들이 두 사람을 환송하기 위해 제물포 선착장에 나와 있었다. 리진은 파리지앵 같은 의상을 차려 입고 있었다. 작별 인사를 하는 모습을 본 프랑댕은 왠지 불길한 예감이 들었다.

'프랑스 공사와 조선 여인의 만남이라……. 이 인연이 순탄하게 흘러갈 수 있을까?'

"잘 지내시오, 프랑댕. 관운을 비오."

"고맙소, 플랑시. 건강하시오. 꼭 또 만납시다."

리진은 프랑댕을 보고 가볍게 목례를 했다.

뱃고동을 몇 번 울리더니 검은 연기를 내뿜으며 배가 서서히 움직이기 시작했다. 프랑댕은 두 사람의 모습이 보이지 않을 때까지 그 자리에 꼼짝 않고 서서 손을 흔들었다.

일본으로 건너간 두 사람은 주일 프랑스 공사관에서 생활하면서 교토의 사진관에서 약혼 사진을 찍기도 했다. 그러나 일본 생활도 오래가지 못했다. 이듬해에 플랑시가 아프리카 튀니지의 수도인 탕헤르 주재 공사로 발령받았던 것이다. 열사의 땅 탕헤르에서의 생활은 신혼이나 다름없는 두 사람에게 별로 유쾌한 것이 못되었다. 다행히 탕헤르 생활을 일찍 마감하고 고대하던 파리로 가게 되었다.

"리진, 마침내 그대가 그토록 소원하던 파리에 도착했소!"

"이게 꿈은 아닐 테지요?"

리진은 아직도 자신이 파리에 와 있다는 사실이 믿기지 않았다.

"그렇소. 눈으로 보고도 믿지 못하겠소?"

"파리는 사진으로 본 것보다 더 아름다워요! 건물뿐 아니라 사람들의 외모며 센 강에 놓인 다리까지 말이에요."

파리에 도착한 플랑시는 약속대로 리진과 결혼했고, 하루 빨리 프랑스 생활에 적응할 수 있도록 개인 교사도 붙여 주었다. 개인 교사들은 모두 조선에서 온 리진의 적응 능력과 예술적인 본능에 감탄했다.

리진과 플랑시. 일본 교토에서 찍은 사진이다.
국사편찬위원회 소장

총명했던 리진은 프랑스의 관습과 가톨릭 교리를 빨리 익혔으며 독특한 서구 언어인 프랑스어도 단기간에 습득했다. 리진은 보고 느낀 것들을 공책 여러 페이지에 걸쳐 꼼꼼히 기록해나갔다. 하지만 시간이 지날수록 몸에 맞지 않는 음식과 고향에 대한 그리움으로 의욕을 잃고 수척해져갔다.

"리진, 왜 그리 힘이 없어 보이오? 하긴 고향이 그립기도 하겠지. 내가 당신을 위해 조선식 방을 꾸미도록 하겠소."

"정말요? 고마워요, 여보."

"고맙긴, 이것은 남편의 당연한 의무 아니오. 그러니 음식도 좀 들고 기운을 차리도록 해봐요."

"네, 여보."

하지만 오랜 기간 동안 음식을 들지 않았던 리진은 영양실조로 폐결핵에 걸려 기침을 했으며 가끔은 피를 토하기도 했다.

리진 부부에게 닥친 가혹한 비극

"리진, 기뻐해주시오! 우리 다시 서울로 돌아가게 되었소!"

"그, 그게 정말이에요?"

리진은 남편 플랑시의 뜻하지 않은 말에 놀라 물었다.

"그렇소. 다시 조선 주재 프랑스 공사로 돌아가게 되었단 말이오."

"정말 꿈만 같아요. 다시 고국 땅을 밟게 되다니……."

1896년 4월 27일 플랑시는 5년 만에 제3대 프랑스 공사로 발령받아 서울로 돌아오게 되었다.

그러나 리진 부부에게는 청천벽력 같은 시련이 기다리고 있었다. 리진이 귀국한 지 얼마 지나지 않았을 때, 장악원 제조가 사람을 보내 그녀를 잡아다가 원래 있던 왕실가무단에 편입시켜버렸던 것이다. 너무나 억울하고 황당한 사건이었지만 남편 플랑시는 항의 한마디 못하고 끌려가는 아내의 모습을 애처로이 바라볼 뿐이었다.

비극은 이것으로 끝나지 않았다. 이미 자유로운 민주국가의 공기를 숨 쉬었던 리진이 답답한 조선 봉건사회의 분위기를 받아들이지 못하고 끝내 금 조각을 삼켜 자살하고 말았던 것이다.

"플랑시, 부디 건강하세요. 그리고 먼저 가는 저를 용서해 주세요!"

그로부터 30여 년이 지난 1922년, 이미 칠십을 넘긴 노인이 된 플랑시도 쓸쓸한 죽음을 맞게 된다. 생의 마지막에 이른 플랑시는 리진의 모습을 꿈처럼 떠올렸다.

"리진, 내가 그때 황제께 주청해서라도 당신을 지켰어야 했는데……. 못난 이 사람을 용서하시오. 하늘나라에서 꼭 다시 만납시다!"

프랑스 공사 플랑시와 조선 궁녀 리진의 인연은 결국 비극으로 끝을 맺고 말았다. 그러나 국경과 인종을 넘어 꽃 피웠던 두 남녀의 사랑은 아름다운 이야기로 전해지며 지금도 세계인의 마음을 울리고 있다.

스스로 삼간
단아하고 고결한 삶,
신빈 김씨

 관비에서 시작한 궁중 생활

여성이라면 누구나 한 번쯤 백마 탄 왕자를 만나는 꿈을 꾸어 보았을 것이다. 이것은 〈황태자의 첫사랑〉 등 수많은 문학작품과 영화, 드라마의 단골 메뉴가 되었다. 지금으로부터 약 580년 전 조선에도 왕을 만나 지극한 사랑을 받고 내명부 최고직인 정1품 빈의 자리에 오른 신데렐라 궁녀가 있었으니 그녀가 바로 신빈 김씨이다.

신빈 김씨는 태종 6년(1406) 7월 12일에 청주 김씨인 첨지중추원사僉知中樞院事 김원金元과 삭녕 고씨 사이에서 태어났다. 어려서부터 남다른 행실로 부모의 사랑을 받고 자란 그녀는

12세가 되던 태종 17년(1417)에 궁중의 내자시內資寺의 관비로 뽑혔다. 내자시는 쌀, 국수, 술, 간장, 기름, 꿀, 채소, 과일 등 왕실에서 소요되는 각종 물품들을 관리하는 기관이었다. 사대부 집안의 자녀였음에도 불구하고 그녀가 관비가 된 이유는 어머니 쪽의 신분이 낮았기 때문인 듯하다.

이듬해인 태종 18년(1418) 세자 자리에서 폐위된 양녕대군이 6월 3일 궁궐을 나와 경기도 광주로 거처를 옮겼는데, 이때 법도에 따라 세자궁의 젊은 궁녀들이 모두 궁 밖으로 나갔다. 새롭게 세자가 된 충녕대군 부부는 많은 궁녀들이 필요하게 되었다. 충녕대군 부부를 모실 궁녀는 모후인 원경왕후 민씨가 직접 선발했다.

이때 13세였던 신빈 김씨는 세자궁 나인으로 발탁되는 행운을 얻는다. 선발된 궁녀들은 관례에 따라 궁중 예절과 용어, 한글과 한문 교육 등을 받고 유교 윤리 교육서인 《소학》과 여성 수신서修身書인 《열녀전》, 《규범閨範》을 익히는 등 엄격한 수련 과정을 거친 후에 배치되었는데, 김씨는 우수한 성적과 뛰어난 덕행 덕분에 세종비 소헌왕후전의 지밀나인에 배속되었다.

지밀至密이란 지극히 엄격해 말소리가 새나가지 못하는 곳이라는 뜻으로 왕이나 왕비 등 왕실 가족이 생활하는 공간을 말한다. 엄격한 기밀을 유지해야 하다 보니 지밀나인들은 다른 궁녀들보다 가문이나 품행 등이 뛰어난 사람이 뽑히게 마련이었다. 다른 부서의 경우는 세답방이나 수라간水剌間 등 힘든 곳은 평민 출신의 궁녀들이 배치되고, 수를 놓는 수방, 바느질을 하는 침방針房 등에는 중인 집안의 궁녀가 뽑히는 것이 일반적이었다.

그해 8월 8일에 태종이 대리청정을 하던 세자 충녕대군에게 왕좌를 넘겨주고 8월 10일 세자가 보위에 올랐는데, 그가 바로 한국사 최고의 성군이라 불리는 세종대왕이다.

이해 9월 19일에 세종비 소헌왕후는 3남인 안평대군을 출산했다. 소헌왕후는 만삭의 몸으로 즉위식을 치렀던 것이다. 안평대군이 세종이 왕이 된 해에 태어난 복덩이라 하여 귀여움을 독차지한 데 반해 연년생 아우에게 부모의 사랑을 빼앗긴 아기 수양대군(훗날의 세조)은 몹시 칭얼댔다. 이때 새로 들어온 13세의 어여쁜 궁녀 김씨가 수양대군을 안아주고 얼러주며 업어 키웠다. 어려서부터 온화한 성품의 신빈이 해주는 이야기를 듣고 자란 수양대군은 이때의 일을 아름답게 여겨 평생 동안 공을 잊지 않고 신빈 김씨를 극진히 대했다고 한다.

타고난 자품資稟이 유순하고 얌전했던 신빈 김씨는 세종 부부를 모실 때는 항시 공경하는 마음을 갖고 정성을 다해 신임을 얻었고, 양전兩殿을 오래도록 훌륭하게 보필하여 궁 안에서

칭송이 자자했다.

신빈 김씨는 세종 9년(1427) 드디어 왕의 승은承恩을 입고 22세의 나이에 첫 왕자인 계양군 이증李璔을 낳았다. 이로써 그녀는 세종의 두 번째 후궁이 되었으며 이후 5명의 왕자와 2명의 옹주를 더 낳았지만 두 옹주는 아기 때 죽고 만다.

신빈 김씨는 23세 때에 정3품 소용昭容의 첩지를 받았고 25세인 세종 12년(1430)에는 3남인 밀성군 이침李琛을 낳았다. 그해 소헌왕후도 3년 만에 8번째 막내 왕자 영응대군을 낳았는데, 소헌왕후는 성품이 인자한 신빈에게 영응대군을 기르도록 했다. 이때의 인연으로 신빈 김씨는 세종의 장례식 후 자수궁으로 물러날 때까지 영응대군의 안국동 사저에서 살게 된다.

세종 14년(1432)년 신빈 김씨는 숙의淑儀의 첩지를 받았지만 지위가 높아질수록 마음을 작게 갖고 행동을 삼가서 세종으로부터 더 큰 사랑과 신임을 받았다. 세종 15년(1433) 소의昭儀에 진봉된 신빈 김씨는 세종 18년(1436) 31세의 나이로 5남 영해군 이당李瑭을 낳았고, 34세인 세종 21년(1439) 1월 8일에는 막내 왕자인 담양군 이거李璖를 낳았다. 이때 세종은 크게 기뻐하면서 오랫동안 변함없이 왕과 왕비를 보필하고 왕자를 여섯이나 낳은 공을 기려 빈으로 봉하려 했다. 하지만 도승지와 춘추관사春秋館事가 의논하여 청하기를 "품계가 오르는 것이 너무 빠르니 일단 귀인에 봉하고 차차 빈에 봉하소서"라고 하자 신하들의 말을 따랐다.

자기 몸을 잊고 왕을 간호한 신빈 김씨

세종 26년(1444) 인품과 학식, 예술적 재능과 행실이 뛰어나 세종 부부가 가장 기대했던 5남 광평대군이 20세의 나이로 세상을 떠나자 세종 내외는 상심하여 그만 병을 얻고 말았다. 거기다가 이듬해인 세종 27년(1445) 7남 평원대군마저 병으로 세상을 떠나자 세종 내외는 몸져눕게 된다. 결국 세종은 세자(훗날의 문종)에게 대리청정을 하게 했다.

이듬해인 세종 28년(1446) 3월 24일 세종비 소헌왕후가 끝내 건강을 회복하지 못하고 향년 52세를 일기로 세종보다 먼저 세상을 떠난다. 그리고 소헌왕후가 죽은 다음 해인 세종 29년(1447) 김씨는 42세의 나이로 내명부 최고직인 정1품 신빈의 작호를 받게 된다.

이 무렵 세종과 세자는 번갈아가면서 요양할 정도로 병이 악화되어 있었다. 세손은 아직 어렸고 왕자인 대군들이 세력을 키우고 있어서 주변에서 모두 나라의 앞날을 염려했다. 세종은 소갈증消渴症(당뇨병) 때문에 글씨를 분간하지 못할 정도로 눈이 멀었고 다리를 절룩거렸다. 왕실에서는 가족들이 세상을 떠난 슬픔을 달래고 왕의 쾌유를 빌기 위해 대궐 한구석에 내불당을 설치해 기도를 드렸다. 이러한 분위기 속에서 왕실 전체가 불교에 심취했는데 특히 수양대군과 안평대군은 각종 불교 경전들에 정통할 정도였다. 이 때문에 세종 30년(1448)에는 신하들이 "왕실에서 너무 자주 불사를 일으킨다"는 이유로 간언을 올렸다. 왕실로서는 슬픔을 극복하기 위한 행위였지만 유교 국가인 조선에서는 신하들이 그것을 용납하지 않았던 것이다.

세종은 소헌왕후 소생의 막내 왕자 영응대군을 몹시 사랑하여 사저로 내보내지 않고 대궐에서 데리고 살았는데, 이때 안국방 민가 60여 가구를 이주시킨 다음 동별궁을 지어 영응대군의 사저로 내주고 신빈 김씨를 모시고 살도록 했다.

세종 31년(1449)에는 거의 일 년 내내 임금과 세자가 번갈아 병석에 누워 있었다. 이듬해인 세종 32년(1450) 2월 4일에는 더욱 건강이 나빠진 세종이 동별궁으로 피접을 나갔다. 이때 신빈 김씨는 주변을 물리치고 평생 받은 은혜와 사랑을 갚기 위해 밤낮으로 정성을 다해 세종을 간호해 주변 사람들을 감동시켰다. 그녀는 왕의 건강과 왕실의 앞날을 위해 자신과 자기 소생들 이야기는 일체 입에 올리지 않은 채 세종을 편안하게 모셨다. 그러나 소갈증이 악화된 세종은 결국 혼수상태에 빠졌고 동별궁에서 향년 54세로 승하했다. 이때가 세종 32년(1450) 2월 17일이었다.

조용히 세상을 살다간 삶이 주는 묵직한 교훈

이때 눈물이 홍수처럼 흘러 소매가 흠뻑 젖은 세자가 영응대군의 사저에서 즉위하니 조선의 5대 왕 문종이었다. 신빈이 지아비를 잃은 슬픔에 빠져 있을 무렵, 그녀의 소생 담양군 이거가 아버지를 잃고 애통함이 지나쳐 병을 얻고 고중양高仲陽의 집에 피접 나갔다가 쓸쓸히 눈을 감고 말았다. 세종이 승하한 지 한 달도 안 된 3월 10일이었다.

 어린 왕자 담양군은 이제 막 12세가 되어 의령 남씨와 혼인하기로 예정되어 있었다. 깊은 슬픔에 잠긴 신빈은 임금 문종에게 담양군을 위한 불사를 청했고 문종은 쌀 500석과 각종 물품들을 하사했다. 대신들은 국고를 탕진하는 것이 아니냐는 불만을 품었지만 감히 말을 꺼내지 못하다가 3일이 지나 한 신하가 부당함을 간언하자 줄지어 상소를 올렸다.

 그해 6월 2일 경기도 광주에 세종을 장사지내고 국장이 마무리되자 신빈 김씨는 법도에 따라 머리를 삭발하고 자수궁에서 세종과 죽은 왕실 가족의 명복을 빌면서 지냈다.

그 후 신빈 김씨는 죽을 때까지 14년 동안 한 번도 세상 밖에 나오지 않았다. 자수궁에 들어간 지 2년 후 신빈 김씨의 소생들이 문종에게 어머니를 모시게 해달라고 간청하여 세상 밖으로 나오는 일이 허락되었지만 그녀는 거절했다. 단종 때도 여러 번 권유가 있었지만 듣지 않았고, 세조가 즉위한 후에는 특별히 머무를 저택까지 하사되었지만 끝내 받지 않았다. 세조가 즉위할 때 공을 세운 아들들은 부귀영화를 누렸지만 그녀는 세상일에는 상관치 않고 자수궁에만 머물렀다.

세조 6년(1460) 신빈 김씨가 55세가 되었을 때 2남 의창군이 33세로 병사했고, 세조 9년(1463)에는 4남 익현군이 32세

경기도 화성시 남양리에 있는 신빈 김씨의 묘. 스스로 삼간 그녀의 단아한 삶은 요즘 사람들에게 묵직한 감동을 전해준다.

의 나이로 세상을 떠났으며, 세조 10년(1464)에는 장남 계양군이 38세를 일기로 죽었다.

아들들의 죽음이 잇따르자 크게 상심한 신빈 김씨는 끝내 병석에 눕게 되었는데 이때 세조가 직접 자수궁으로 찾아와 문병했다. 며칠 후인 세조 10년 9월 4일 신빈 김씨가 눈을 감으니 향년 59세였다. 이때는 3남 밀성군과 5남 영해군만이 생존하여 장례와 시묘를 감당했는데, 세조는 예법대로 쌀과 콩 70석을 내렸고 신빈의 남은 아들들과 손자들을 보살펴주었다.

관비에서 후궁으로 엄청난 신분상승을 이루었음에도 불구하고 스스로 삼가면서 남편 세종의 명복을 빌다가 조용히 세상을 살다 떠나간 신빈 김씨. 그녀의 단아한 삶은 조그만 일에도 일희일비하는 요즘 세상 사람들에게 묵직한 교훈과 잔잔한 감동을 전해준다.

성군의
어머니가 된 궁녀,
숙빈 최씨

 옛 주인을 잊지 않는 아름다운 마음

조선의 신데렐라 중에는 신빈 김씨뿐 아니라 조선의 제21대 왕 영조의 생모인 숙빈 최씨도 있었다. 숙빈 최씨는 흔히 무수리 출신으로 알려져 있지만 사실은 침방나인이었다. 이것은 앞에서 언급한 것처럼 고종의 증언을 통해서도 확인된다.

숙빈 최씨는 원래 인현왕후를 모시던 중궁 소속의 궁녀였다. 당시는 장희빈이 숙종의 총애를 받고 있던 상황이었는데 그녀가 인현왕후의 자리를 넘보고 있어 뜻 있는 사람들이 이를 염려했다. 이러한 우려는 얼마 지나지 않아 현실로 나타났다. 숙종 14년(1688) 10월 장희빈이 아들(훗날의 경종)을 낳자

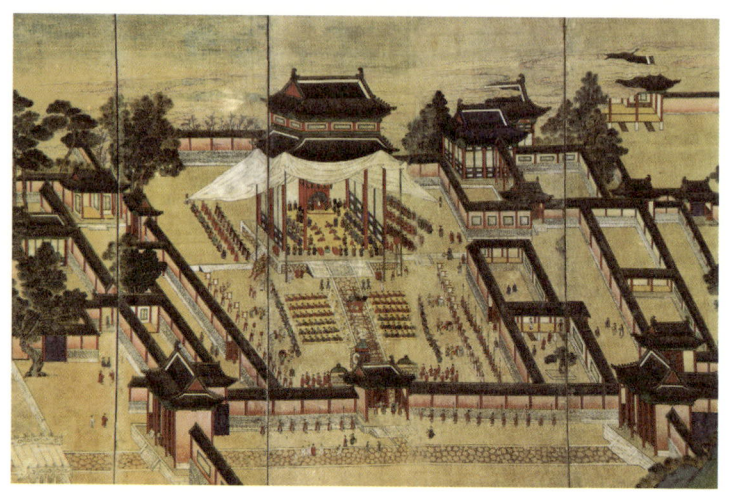
조선시대 왕세자의 탄생을 축하하는 연회의 모습을 기록한 그림

숙종은 다음 해 1월 소의로 있던 그녀를 후궁 중 최고의 지위인 빈으로 승격시켰다.

　장희빈에게 마음을 빼앗긴 숙종은 그녀의 청이라면 무엇이든 들어주었다. 그해 7월 숙종은 마침내 왕비인 인현왕후를 폐하고 말았고 다음 해 6월에는 장희빈이 낳은 원자를 왕세자로 책봉했으며 10월에는 장희빈을 왕비로 삼기에 이르렀다. 본래 성품이 어질고 착했던 숙빈은 자신이 모시던 주인 인현왕후가 궁 밖으로 나가게 되자 남몰래 눈물을 흘리면서 음식도 잘 들지 않았다.

　어느 날 저녁, 숙종이 달빛을 받으며 궁궐 뒤뜰을 산책하고 있었다. 주변을 살펴보니 한 건물 부엌에서 불빛이 새어나오는 것이 보였고, 숙종이 다가가보니 한 궁녀가 불을 때고 있었다. 내시가 숙종의 행차를 알렸다.

"주상 전하께서 납시었다. 어서 일어나 맞지 못할까?"

"황, 황공하옵니다!"

불을 때던 숙빈이 숙종을 알아보고 땅에 엎드렸다.

"어서 납시옵소서, 상감마마."

숙종이 그녀의 얼굴을 바라보니 매우 영리하면서도 정숙해 보였다.

"너는 어느 궁에 있는 궁녀이며 이 늦은 밤에 무슨 음식을 만들고 있는 것이냐?"

잠시 동안 머뭇거리던 그녀가 입을 열었다.

"예, 소녀는 폐비 인현왕후를 모시던 몸이온데, 내일이 폐비의 생신날인지라 차마 그냥 지나치기가 어려워 아침진지를 지어 올리는 중이었습니다."

"그렇구나. 내일이 폐비의 생일이었구나."

"……"

"한 가지 너에게 묻겠다."

"하문하시옵소서."

"너는 폐비에게 죄가 있다고 생각하느냐, 없다고 생각하느냐?"

숙빈은 억울하게 쫓겨난 인현왕후 생각에 설움이 북받쳐 올라왔다. 그녀는 울먹이며 이렇게 말했다.

"이 일은 전하께서 처결할 일이시온데 소첩 따위가 어찌 감히 왈가왈부하겠습니까? 다만 전하께서 현명한 판단을 내리시는 데 참고가 될 만한 장소를 안내하고자 하옵니다."

"그곳이 어디냐? 어서 앞장 서거라."

"네. 납시지요, 전하"

숙빈은 숙종 일행을 후원에 있는 어느 방으로 안내했다. 방의 벽에는 인현왕후로 보이는 화상이 걸려 있었는데 수없이 화살을 맞아서 형체를 알아보기 어려웠다.

"이 그림의 주인공은 대체 누구더냐? 그리고 누가 여기에다 활을 쏘았단 말이냐?"

"전하, 그것은 소첩이 말하지 않아도 전하께서 알고 계실 것입니다. 이 화상의 주인은 폐비이며 지금의 왕비께서 하신 일인 줄 아옵니다."

"왕비가 무엇이 부족해서 쫓겨나서 아무 힘 없는 폐비를 저주한단 말이냐?"

"전하, 왕비께서는 폐비께서 혹시라도 복위하실까 전전긍긍하고 계신 줄로 아옵니다."

"자신의 뒤에는 세자가 버티고 있는데도 아무 힘 없는 폐비를 저주하다니!"

숙종은 장희빈의 질투심에 몸서리치며 숙빈의 처소로 돌아와 방으로 들었다.

"옛 주인을 잊지 않는 네 정성이 갸륵하구나. 오늘밤은 과인을 천침薦枕(첩이나 시녀 등이 잠자리에서 모심)하도록 하라."

이 말에 숙빈이 눈물을 흘리며 말했다.

"이곳은 폐비께서 물러나 거처하시던 곳인데 소첩이 어찌 감히 전하를 모시오리까?"

숙종이 숙빈의 말뜻을 알아듣고 이렇게 답했다.

"네가 무엇을 말하려는지 다 알고 있느니라. 내 조만간 폐비를 복위시키도록 할 터이니 걱정하지 말고 천침하도록 하라."

"성은이 망극하옵니다, 전하."

이때부터 숙종은 숙빈의 처소를 자주 찾게 되었고 장희빈과는 점점 멀어졌다.

항아리 속의 여인

어느 몹시 추운 겨울날 저녁이었다. 그날 눈이 내려 섬돌에 소복이 쌓여 있었다. 이날도 숙빈은 숙종의 잠자리 시중을 들게 되었는데 왕이 빙그레 웃으며 말했다.

"내 장차 너를 중전으로 삼을 것이니라."

"……."

숙빈은 머리를 조아린 채 말없이 있더니 화장실에 다녀온다며 나간 후 한참이 지나도 돌아오지 않았다. 잠깐 잠이 들었다가 깨어난 숙종이 옆을 보니 숙빈이 보이지 않았다.

"?"

이상한 느낌이 든 숙종은 반사적으로 창문을 열고 밖을 살폈다. 밖을 보니 눈이 소복이 쌓여 있고 여인 한 명이 눈을 맞은 채 마당에 엎드려 있었다.

숙종이 급히 옷깃을 여미고 일어나 층계 아래를 살펴보니 숙빈이 틀림없었다. 놀란 숙종은 숙빈을 안아서 방으로 데리고 들어갔다. 숙빈의 몸은 이미 추위에 얼어 있었다. 한참이 지나서야 온기가 돌아오는지 비로소 정신을 차렸다.

"이제야 정신이 드느냐?"

"황공하옵니다, 전하."

"대체 어쩌려고 그런 무모한 짓을 했단 말이냐?"

"소첩은 전하의 하교를 듣고 감히 따를 수가 없기에 섬돌 아래에서 허물을 다스려주기를 기다리고 있었사옵니다."

"정말로 그랬단 말이냐?"

숙빈의 고운 마음씨에 감동한 숙종은 점점 더 그녀를 사랑하게 되었다.

어느 날 숙종이 낮잠을 자고 있을 때였다. 꿈을 꾸는데 궁

숙빈 최씨가 묻힌 소령원. 경기도 파주시 광탄면에 위치해 있다.

궐 뒤뜰에서 황룡이 큰 항아리에 눌려 꿈틀거리며 움직이지 못하고 있었다. 잠을 깬 숙종은 꿈이 영 찜찜하여 몸소 궁궐 후원으로 나가보았다. 아니나 다를까, 꿈에 봤던 것과 비슷한 항아리가 정원 가장자리에 놓여 있었다.

"저 항아리를 들어 올려보아라."

"예, 전하."

명을 받은 내시가 항아리를 들어 올리자 그 안에 숙빈이 기절한 채로 쓰러져 있었다.

"대체 이것이 무슨 일이더냐!"

숙종은 크게 놀라 소리를 질렀다. 궁녀들을 시켜 숙빈을 침전으로 업어가게 한 후 약을 써서 간호하니 한참 지난 후에야 정신이 돌아왔다. 상황을 알고 보니 장희빈이 늘 인현왕후를 생각하는 숙빈을 미워해 매질을 한 후에 항아리로 덮어놓은 것이었다. 이때 숙빈은 훗날의 영조를 임신하고 있을 때였는데 다음 해에 영조를 낳았다.

인현왕후 저주 사건과 사약을 받는 장희빈

숙종 20년(1694) 드디어 인현왕후가 다시 궁으로 들어와 왕후로 복위되었다. 그리고 왕비의 자리에 있던 장희빈은 다시 빈으로 강등되었다. 일이 이렇게 되었는데도 장희빈은 지난날의 잘못을 반성하기는커녕 계속해서 인현왕후를 저주했다. 그리고 결국 그 저주가 효력을 발휘했는지 인현왕후가 복위된 지 8년 만인 숙종 27년(1701) 8월 14일 병으로 사망하자 장희빈은 속으로 쾌재를 불렀다. 평소 인현왕후는 가슴이 막히는 병으로 고생이 심했는데 아마도 폐결핵이었던 듯하다.

인현왕후가 죽자 의기양양해진 장희빈은 이제 저주를 하던 신당을 폐하려 했지만, 무당이 갑자기 신당을 없애는 것은 그녀와 세자에게 해롭다고 말하자 9월 7일 날 굿을 한 후에 폐하려고 그대로 두고 있었다.

한편 인현왕후의 죽음을 슬퍼하던 숙종은 후궁들의 처소를 찾지 않고 밤낮으로 슬퍼하다가 9월 7일에 불전에 참례하고 돌아왔다. 초승달이 희미한데 귀뚜라미 소리가 처량하게 들려오니 더욱 마음이 서글퍼져 숙종은 눈물을 흘리다 안석案席에 의지하여 잠깐 잠이 들었다. 그런데 비몽사몽간에 죽은 인현왕후가 나타나 슬픈 표정을 지으며 우는 것이었다.

"아니, 중전이 아니시오? 무슨 이유로 이리 우는 것이오?"

"전하, 소첩의 명이 비록 짧았지만 벌써 죽을 정도는 아니었습니다. 그런데 희빈이 천백 가지로 소첩을 저주하여 원통하게 죽게 되었나이다. 전하, 소첩의 억울함을 풀어주옵소서."

"물론이오, 중전. 그리할 것이니 아무 걱정 말고 편히 잠드시오."

"고맙사옵니다, 전하."

"중전, 중전……"

인현왕후가 절을 하고 물러가려 하자 숙종은 왕후의 옷을 잡으려다가 놀라 잠이 깼다. 이상한 생각이 든 숙종이 곧바로 옥교를 타고 장희빈이 거처하는 영숙궁으로 향했다. 이날은 마침 장희빈의 생일날이었다.

영숙궁에서는 장희빈의 오빠 장희재張希載의 첩 숙정淑正이 들어와서 인현왕후의 죽음과 장희빈의 생일을 축하하고 있었다. 그리고 신당에서는 무당이 촛불을 밝히고 인현왕후를 저주하는 굿을 벌이고 있었다. 숙종의 행차를 본 장희빈의 궁녀들은 당황해서 어쩔 줄 몰라 했다. 이때 장희빈이 달려 나와 숙종을 맞았다.

"전하, 어서 오시옵소서."

"지금 무슨 일을 하고 있었느냐?"

"전하, 아랫것들이 중전마마의 극락왕생을 축원하고 있었나이다."

왕의 물음에 장희빈이 대답했다.

"저 병풍을 걷어 보거라!"

궁녀들은 몹시 당황한 기색으로 머뭇거렸다.

"어허, 어서 치우지 못할까?"

숙종의 호통에 궁녀들이 장희빈의 안색을 살폈다.

"어서 치워라!"

"예, 마마."

장희빈의 말에 궁녀가 할 수 없이 병풍을 걷었다. 벽 위에는 화살 맞은 구멍이 수없이 난 초상이 걸려 있었는데 자세히 보니 틀림없는 인현왕후의 초상이었다.

"저것이 무엇이냐?"

"……."

궁녀들이 당황하여 말을 하지 못하자 장희빈이 나서면서 둘러댔다.

"전하, 저것은 중전마마의 화상으로 마마의 부덕을 사모하여 늘 가까이 두고 생각했습니다. 오늘은 중전마마의 극락왕생을 축원 드리고 있었나이다."

"중전을 생각했다면서 저렇게 화살 맞은 자국이 많은 것은 무슨 까닭이냐?"

"그것은……."

장희빈이 말이 막혀 대답을 하지 못했다.

이렇게 해서 인현왕후 저주 사건의 전모가 밝혀졌다. 분노한 숙종은 장희빈에게는 사약을 내리고 요사스러운 무당과 궁녀는 장살杖殺하라는 명을 내렸다.

이 소식을 들은 세자는 차비문에 꿇어앉아서 드나드는 대신들을 붙잡고 어머니를 살려달라고 간청했다. 이를 보다 못

강력한 왕권을 행사한 숙종의 친필. 숙종은 다양한 환국 정치를 구사하면서 신하들을 제압하고 왕실의 권위를 다시 세웠다.

한 영의정 남구만南九萬이 "희빈이 6년 동안 중전의 자리에 있었고 세자의 생모가 되니 용서하자"고 주청했지만 숙종의 결심은 변함없었다. 장희빈은 분을 삭이며 숙종에게 따지고 들었다.

"소첩이 무슨 죄를 지었기에 사약을 내리는 것이옵니까? 소첩을 죽이려거든 세자를 함께 죽여주시오!"

"왕후를 저주하여 죽게 하고도 아직도 반성할 줄을 모르는구나! 네 죄는 극형에 처해야 마땅하거늘 과인이 세자를 생각하여 이리 하는 것이니 어서 사약을 마시거라!"

"절대 그리는 못하옵니다!"

악에 받친 장희빈은 숙종이 내린 약사발을 엎질러버렸다.

"저런, 고얀 것을 보았나! 조용히 끝내려 했더니 안 되겠구나. 여봐라! 희빈을 붙들고 입을 벌려 약을 부어라!"

"예, 전하!"

궁녀들이 장희빈의 팔을 잡고 강제로 약을 먹이려 했다.

"마지막으로 우리 세자의 얼굴이나 보고 죽게 해주시오!"

"전하, 마지막 가는 길에 차마 혈육의 정을 뿌리치지 마시옵소서."

장희빈과 대신들이 연이어 간청하자 결국 숙종은 승낙을 하고 세자를 데려오게 했다. 세자를 본 장희빈이 울면서 갑자기 달려들어 세자의 음낭을 잡고 늘어졌다.

"내가 죽는 마당에 이씨의 씨를 남겨 무엇하랴! 세자, 이 에미와 함께 죽읍시다!"

"악! 어마마마…… 으흐흑……."

세자도 함께 울기 시작했다.

"여봐라, 뭣들 하느냐! 어서 세자를 데려가라!"

숙종의 말에 궁녀들이 세자를 강제로 떼어서 동궁으로 데려갔다. 세자는 끌려 나가면서도 연신 뒤를 돌아보고 애처로이 울면서 장희빈을 살려달라고 애원했다.

"어서 팔을 잡고 사약을 먹여라!"

궁녀들이 달려들어 장희빈의 팔을 잡고 허리를 안아 사약을 먹이려 하자 이번에는 장희빈이 입을 다물고 뿌리쳤다. 이 모습을 지켜보던 숙종은 진노하면서 일어섰다.

"도저히 말로는 안 되겠다. 막대로 입을 벌려 강제로 쏟아 부어라!"

이렇게 해서 사약 세 사발을 들이붓자 장희빈은 크게 세자의 이름을 부르더니 섬돌 아래로 피를 토하며 쓰러졌다. 이후 시신을 입관할 때 보니 하룻밤 사이에 몸이 녹아서 검은 피가 방 안에 가득하고 고약한 냄새가 진동했다고 한다.

한편 정1품 빈의 자리에 오른 숙빈은 후궁으로서의 영화를 누리다가 숙종 44년(1718) 향년 49세를 일기로 병사했다. 파주시에 있는 소령원에 묻혔고 사당은 궁정동 칠궁 중 육상궁

숙빈 최씨의 사당인 육상궁. 바깥쪽의 편액은 연호궁이고 안쪽의 편액은 육상궁이다. 고종 19년(1882)에 화재가 발생하여 소실된 것을 이듬해에 다시 지었다.

이다.

 숙종 2년(1676) 일곱 살의 어린 나이에 입궁하여 침방나인에서 빈의 자리에까지 오른 숙빈 최씨는 자기가 모시던 주인을 잊지 않은 따뜻한 마음씨 덕분에 왕의 사랑을 받았고, 평생을 매사에 조심하는 태도로 궁중 사람들의 존경을 받았다. 그리고 숙빈의 아들 영조는 52년이라는 긴 세월 동안 왕좌에 있으면서 조선의 부흥을 이끈 성군이 되었다.

옛 임금을 향한 변함없는 마음, 한보향

 폭군과 현군, 광해군의 두 얼굴

사람의 마음이란 물과 같이 형편에 따라 변하는 경우가 많다. 자신에게 이익이 있을 때는 상대방에게 잘 보이려 노력하고 충성을 다하지만, 상대자의 권력이나 자신의 이익이 없어졌다고 느낄 때는 마음 또한 멀어지는 게 일반적이다. 하지만 조선시대에 폐위된 옛 군주를 잊지 않고 지조와 절개를 지킨 여인이 있었으니 궁녀 한보향韓保香이다.

한보향은 본래 한양에 살던 양인良人으로 광해군 때 대궐로 들어와 궁녀 생활을 시작하게 된다.

당시 광해군은 여자를 좋아하여 자신과 잠자리를 같이 한 여인들에게는 상으로 많은 비단과 명주 등을 내렸는데, 이 때문에 왕실의 물품을 공급하는 내수사의 허리가 휠 지경이었다. 그러나 한보향은 매번 하사품을 사양하곤 했다.

"사가에서 길쌈하는 부녀자는 열흘 동안 베 한 필을 짜면서 손과 발이 부르트지만 자신은 입어보지도 못합니다. 그런데 소녀같이 미천한 것이 어찌 감히 분수에 넘치게 이같이 귀한 비단을 두르겠습니까?"

이것이 그녀가 하사품을 사양하는 이유였다. 그녀는 외모가 아름다웠을 뿐 아니라 성실하고 아름다운 마음씨를 가졌던 여인이었던 것이다.

금권정치를 구사했던 광해군은 정치 자금을 마련하기 위해 돈을 받고 벼슬을 팔기도 했다. 당시 양주 대탄에 20세가 넘도록 장가를 들지 못한 사람이 있었는데, 그가 토지를 팔아서 조도사調度使에게 베를 바치고 통정대부通政大夫의 직첩을 사니 사람들이 '도련님 첨지僉知'라고 불렀다.

또한 경상도 진해에는 부모가 모두 돌아가신 처녀가 있었는데 면포를 많이 가지고 있었다. 조도사가 그녀에게 강제로 '숙부인첩淑夫人帖'을 하사하고 면포를 빼앗으니 고을 사람들이 '아가씨 부인'이라고 불렀다.

이 밖에 아부하기를 좋아했던 이충李冲이라는 사람은 광해군에게 잡채를 바쳐 호조판서의 자리까지 올랐고, 한효순韓孝純은

산삼을 바쳐서 갑자기 정승이 되니 사람들이 이런 시를 지어 불렀다고 한다.

> 산삼 바쳐 된 정승 사람마다 부러워하고
> 잡채 올려 딴 판서 권세가 놀랍구나.
> 人蔘閣老人爭慕 雜菜尙書勢莫當

이런 식으로 왕실 재정을 충당한 광해군은 살림이 넉넉해지자 날마다 화려한 잔치를 열었다. 마침 사신을 호위하여 조선에 왔던 명나라 장수 조도사趙都司가 광해군이 주재하는 연회에 참석한 후 이런 시를 지었다고 한다.

> 맑고 향기로운 맛있는 술은 천 사람의 피요
> 가늘게 썬 훌륭한 안주는 만백성의 기름일세.
> 촛불 눈물 떨어질 때 사람 눈물 떨어지고
> 노래 소리 높은 곳에 원망의 소리 드높도다.
> 淸香旨酒千人血 細切珍羞萬姓膏
> 燭淚落時人淚落 歌聲高處怨聲高

광해군의 정치로 고통받았던 백성들의 처지를 표현한 〈광해난정기시光海亂政譏詩〉라는 시이다. 훗날 이 시는 그 유명한 춘향전에 약간 변형된 채로 들어가게 된다. 이몽룡이 변학도의 생일잔치에서 술 한 잔을 얻어 마시고 시 한 수를 지어 자리 밑에 슬그머니 넣어놓고 나왔더니, 운봉 영장營將이 보고 깜짝 놀랐다는 〈변부사생일연卞府使生日宴〉이라는 시이다. 앞의 시 중 청향지주淸香旨酒는 금준미주金樽美酒로, 세절진수細切珍羞는 옥반가효玉盤佳肴로, 인누락人淚落은 민누락民淚落으로 바뀌는데 이를 통해 춘향전이 광해군대 이후에 나온 작품임을 짐작할 수 있다.

하지만 오늘날 광해군은 폭군보다는 현실적인 감각으로 중립외교를 펼친 군주로 재평가되고 있다. 광해군은 즉위하자마자 임진왜란으로 인한 전화를 복구하기 위해 과단성 있는 정책을 폈고, 선혜청宣惠廳을 두어 경기도에 대동법을 실시했으며, 광해군 3년(1611)에는 토지 조사를 하면서 경작지를 넓히고 재원을 확충했다.

전란으로 불에 타버린 궁궐(창덕궁, 경희궁, 인경궁)을 재건하기 위해 어쩔 수 없이 벼슬자리를 팔기는 했지만 당시 상황에서는 이를 비난할 수만은 없는 일이었다. 강홍립姜弘立을 시켜 명나라에 원병을 보내면서도 청나라 군대와 싸울 때는 이기는 편에 서라고 밀지密旨를 내린 것 역시 주목할 만하다. 군사력이 엄청났던 청군에게 어육이 될 것이 뻔한 우리 군사들을 구하기 위한 조치였다.

이러한 면을 본다면 광해군은 국내 정치에서는 실정을 했지만 국제 정세에 밝고 외교 감각이 뛰어났던 군주였다고 평가할 수 있다. 이는 광해군을 몰아낸 인조가 강경 일변도의 외교 정책으로 병자호란을 불러옴으로써 백성들을 전쟁의 고통 속으로 몰아넣은 것과 비교해보면 확연히 드러난다.

"어찌 전 왕비를 굶겨 죽이려 하오?"

광해군 15년(1623) 서인들이 광해군을 몰아내기 위해 반정을 단행했다. 그때 광해군은 창경궁 통명전에 머물고 있었는데 반정군이 대궐로 들어와 함춘원에 쌓인 장작에 불을 놓자 크게 놀라 총애하던 김상궁과 임상궁을 데리고 황급히 소북문으로 도망쳤다.

　광해군의 왕비인 문성군부인文城郡夫人 유씨는 밤의 어둠을 틈타 후원의 어수당에 숨었는데 한보향과 궁녀 10여 명이 유씨를 뒤따랐다. 반정군들이 궁궐 안을 몇 겹으로 에워싼 채 3일이 흘렀다. 더 이상 먹을 것도 도망갈 곳도 없이 그곳에서 숨어 지낼 수는 없었다. 중전 유씨는 무언가 중대한 결심을 한 듯 입을 열었다.

　"어찌 이곳에 숨어 목숨을 보존하려 하겠느냐? 어서 나가서 내가 여기 있는 것을 알리도록 하거라."

궁녀들은 다들 무서워 두려움에 떨며 한 사람도 나가려는 이가 없었다. 이에 보다 못한 한보향이 나섰다. 한보향은 밖으로 나가 섬돌 위에 서서 큰 소리로 외쳤다.

"중전마마께서 지금 이곳에 머무르고 계시오! 모두 예를 갖추시오!"

이 말에 교의交椅(의자)에 걸터앉아 있던 대장 신경진申景禛이 일어나 군사를 약간 뒤로 물렸다. 유씨의 뜻을 받은 한보향이 신경진에게 큰 소리로 물었다.

"주상께서 이미 나라를 잃었으니 새로 보위에 오르신 분은 누구요?"

"소경대왕昭敬大王(선조)의 왕손인데 이름을 말할 수는 없소."

"알겠소. 그러면 오늘의 거사는 종묘사직을 위한 것이오? 아니면 부귀영화를 위한 것이오?"

"종묘사직이 망하게 되었기에 우리들이 새 임금을 받들어 반정하지 않을 수 없었으니 어찌 부귀를 위한 것이라 하겠소?"

"그렇다면 지금 의거라고 칭하면서 어찌 전왕의 왕비를 굶겨 죽이려 하는

신경진의 무덤 앞을 지키는 석상. 신경진은 무인 가문 출신의 손꼽히는 장재將材로서 처음부터 인조반정을 계획하고 주도하여 인조의 절대적인 신임을 받았다.

것이오?"

이에 신경진이 사실을 인조에게 알리자 인조는 유씨 부인에게 후하게 음식과 물건들을 하사했다고 한다.

폐주를 위해 눈물을 흘리고 보모상궁이 되다

광해군이 물러나고 인조가 즉위한 지 얼마 되었을 때, 새로운 왕과 왕비를 모실 사람들을 단기간에 충원할 방법이 없었다. 그래서 할 수 없이 광해군을 모시던 궁녀들 중 나이 많고 죄가 없는 자를 뽑아 내전에 들여보내 시중을 들게 했다. 숙원淑媛 벼슬에 있던 나이 많은 한보향도 이들 중에 뽑혀 궁궐로 다시 들어갔다.

한편 광해군은 왕비 유씨, 세자 부부와 함께 그해 3월 21일 강화도로 안치되었다. 그러나 몇 달이 지나지 않아 세자 부부가 세상을 떠나고 10월 8일 사랑하던 왕비 유씨마저 병사하고 만다. 이제 남은 사람은 광해군 한 사람뿐이었다.

강화도에 유배되어 있던 광해군은 이듬해 이괄李适이 반란을 일으키자 이들과 내통할 것을 두려워한 인조에 의해 태안으로 옮겨졌다가 반란이 평정되자 다시 강화도로 옮겨졌다. 그곳에서 12년을 보내고 인조 14년(1636) 겨울에 교동도로 옮겼다가 이듬해 봄 머나먼 제주도로 이배되었는데 이때 이미 인생의 황혼기인 63세를 지나고 있었다.

제주도로 이배될 때는 호송하는 사람들에게 엄명을 내려 가는 곳을 말하지 못하게 하고, 배 위의 사면을 모두 휘장으로 가렸다. 배가 육지에 닿아서야 제주도임을 알리니 광해군은 놀라고 슬퍼하면서 "내가 어찌 여기 왔느냐! 내가 어찌 여기 왔느냐!"라고 탄식했다.

자신이 모셨던 옛 임금이 이처럼 고초를 겪고 있다는 소식을 전해들은 한보향은 광해군의 처지를 동정하면서 남몰래 슬피 울곤 했다. 이 광경을 지켜보던 한 궁녀가 인조의 왕비 인열왕후에게 이 사실을 밀고했다.

"마마, 한상궁이 폐주를 위해 밤마다 남몰래 울고 있으니 혹시 변란이라도 생길까 염려되옵니다."

그러나 인열왕후는 "한보향은 의로운 사람이다"라고 단언하며 오히려 한씨를 불러 위로했다.

"국가가 흥하고 망하는 것은 무상한 것이다. 우리 임금께서 하늘의 도움으로 오늘날 보위에 있지만 훗날 다시 광해군처럼 왕좌를 잃게 될지 어찌 알겠느냐. 너의 마음가짐이 이러하니 내 아들을 보육할 만하다."

인열왕후는 광해군을 위해 울었던 한보향을 오히려 보모상궁保母尙宮에 임명하고 상으로 후추 한 말을 내려주었다. 그리고 밀고한 궁녀를 불러 종아리를 때리며 "오늘 네가 하는 행동을 보니 다음 날의 마음을 알 수 있겠다!"라며 야단을 쳤다. 감동한 한보향은 감격의 눈물을 흘렸고 그동안 불안한 마음을 가지고 있던 옛 궁인들도 모두 안심하고 새 왕실을 따랐다고 한다.

한보향은 나이 80여 세가 되어 세상을 떠났다. 의로움을 지켰던 사람에게 하늘도 천수를 누릴 기회를 주었던 것이다.

오늘날에는 각박한 세태 속에서 자신의 이익을 위해서라면 양심과 도리마저 헌신짝처럼 버리는 사람들을 보게 된다. 이러한 세태에 한보향의 변함없는 지조와 절개를 비추어보면 어떻게 인생을 사는 것이 올바른 것인가 하는 문제를 다시 생각하게 된다.

한 번 사랑은
영원한 사랑이다,
수칙 이씨

 사도세자의 숨은 여인

세상을 살아가면서 부부 간에 정조와 절개를 지킨다는 것은 그리 쉽지 않은 일이다. 과거 봉건시대에는 많은 아내들이 남편이 죽은 후에도 재혼하지 않고 홀로 절개를 지키며 살아갔다. 그 결과 우리 역사에는 수많은 열녀들이 남게 되었다.

 절개를 지키며 살아가는 것이 쉽지 않은 일이기에 조정에서도 정려旌閭(동네에 정문旌門을 세워 충신, 효자, 열녀 등을 표창하던 일)를 내려 그 뜻을 높이고 윤리와 기강을 세우고자 했다. 이러한 역사의 수레바퀴 속에서 명멸해간 열녀들 중 궁녀 출신의 여인이 있었으니 그녀가 수칙守則(세자궁에서 일을 보는 내명부의 궁관직 명칭) 이씨이다.

수칙 이씨는 한양 남문 밖 양가집의 딸로 태어났는데 영조조 말엽 과부가 된 이모가 궁중에 들어가자 이씨도 따라 궁에 들어왔다. 당시 그녀의 나이 한창 때인 15세였다.

하루는 세도세자가 궁궐 후원의 정자에서 놀게 되었는데 이때 이씨는 잠자리를 모시는 승은을 입게 되었다. 하지만 행운도 잠시뿐 무슨 이유에서인지 얼마 지나지 않아 이씨는 궁을 나가야 했다.

이때부터 그녀의 험난한 인생 역정이 시작되었다. 이씨는 길거리에서 음식을 빌어먹으면서 생활했는데, 어느 날 미행을 나온 사도세자가 이씨의 거처를 알아내고는 다시 그녀를 총애하기 시작했다. 당시에는 사도세자가 민간에서 미행하여 남의 여자를 빼앗는다는 소문이 돌아 민심이 흉흉했는데, 이것은 이씨를 총애하는 것이 와전된 것이었다. 이씨는 만에 하나 일이 잘못되면 사도세자에게 죄가 덮어씌워지고 자신에게도 처벌이 내려질 것이라는 사실을 알고는 아무에게도 이 사실을 말하지 않았다.

사도세자가 대리청정을 하던 당시 쓰였던 휘지輝之

그러던 중 영조 38년(1762) 이씨가 사랑하던 사도세자가 억울한 누명을 쓰고 뒤주 속에 갇혀 죽게 된다. 사랑하는 사람이 억울하게 세상을 떠나자 이씨는 시집을 가지 않기로 결심했다. 그러고는 후미진 곳에 집을 사서 개들을 기르고 외로움을 달래면서 살았다.

두문불출하며 세상과의 인연을 끊다

극심한 생활고에 시달리던 이씨는 스스로 《주역周易》을 보고는 운명을 점치는 일로 생활을 꾸려가려 했다. 그런데 한 이웃사람이 이씨가 점을 치는 광경을 보고서는 요사스러운 무당이라며 마을에서 쫓아냈다.

이제 이씨는 성 밖에 있는 월암촌(종로구 부암동)으로 옮겨 가서 살게 되었다. 그리고 이때부터 앞으로 지난하게 이어질 수절 행사가 시작되었다. 이씨는 머리를 빗지 않는 것은 물론이고 세수도 하지 않으면서 밤낮으로 작은 방 안에만 머물렀다. 마시고 먹는 일은 물론 용변도 방 안에서 해결하다 보니 몰골이 병자나 광인 같았는데 부모가 이유를 물어도 대답하지 않았다. 상황이 이렇다 보니 역한 냄새가 나서 사람이 가까이할 수 없었고, 마을사람들이 괴이하게 여기고 비웃으면서 여성으로 대하지 않았다.

　부모님이 돌아가신 후 이씨는 이모에게 의지하면서 바느질을 직업으로 삼고 살았다. 어느 날 이모가 "너는 병자가 아닌 것 같은데, 어찌해서 이런 꼴로 사느냐"고 까닭을 묻자 이씨는 은밀하게 자신이 사도세자에게 승은을 입은 사실을 말하면서 사람들에게 누설하지 말 것을 부탁했다.

　그로부터 십수 년의 세월이 흘렀다. 사도세자의 아들 정조가 보위에 오르자 과거에 조정과 민간에서 사도세자를 받들던 사람들을 찾아내 은전을 내렸다. 마침내 이씨의 인생에도 한 줄기 희망의 빛이 찾아온 것이다. 하지만 이씨는 자신의 과거사를 더욱 철저하게 숨기면서 곁에 있는 이모를 위로할 뿐이었다. 그러나 그녀를 불쌍히 여기는 마음이 컸던 이모가 말을 전한 덕분에 마을 안에서도 소문이 퍼지기 시작했다.

　하루는 이웃집에서 불이 나서 그녀의 집에 옮겨 붙는 일이 벌어졌다. 다른 사람 같으면 살기 위해 방 안에서 뛰쳐나왔겠지만 그녀는 위기 상황에도 의연하게 자리를 지킬 뿐이었다. 천만다행으로 그녀를 염려하던 이웃 주민들이 달려 나와 황급히 불을 끈 덕분에 이씨는 죽지 않고 목숨을 구했다.

　정조는 즉위한 후 10년 동안 고통받는 백성들을 구하는 정치를 펴기 위해 여러 가지 노력을 기울였다. 그러한 정책들 중 하나가 결혼하지 못한 노처녀와 노총각을 구제하는 일이

사도세자의 무덤 융릉隆陵 아버지 사도세자를 사모하는 마음이 지극했던 정조는 사도세자를 장조로 추존하고 수은묘垂恩墓라 불리던 이 무덤을 융릉이라 고쳐 부르게 했다.

었다. 정조는 오부五部(조선시대에 서울을 다섯 부로 나눈 행정 구역)에 명하여 민간의 남녀들 가운데 가난하여 결혼할 수 없는 자를 조사하게 한 후 많은 돈과 옷감을 내리면서 서로 혼인하게 했다.

 정조는 과거에 스스로 원하지 않아서 혜택을 받지 못한 자들에게도 두루 혜택이 돌아가게 했다. 그러던 중 남부南部의 한 수령이 이씨의 행실을 자세히 살핀 후 재상에게 보고했고 이것이 정조의 귀에까지 들어갔다.

 정조는 이씨를 대궐로 불러들여 내력을 묻게 했고 이씨가 사도세자의 용모에 대해 대답했는데 모든 것이 사실에 부합

했다. 이후 한 경연관이 정조에게 이씨의 지조에 대해 다시 상주上奏하자, 정조는 그녀의 집에 상궁을 보내 상세한 내막을 알아보게 했다. 상궁이 그녀의 집으로 찾아오자 노파가 된 이씨의 이모가 상궁이 찾아온 뜻을 짐작하고 이렇게 대답했다.

"방 안에 있는 여인은 제 조카입니다. 저는 일찍이 과부가 되어 궁중에 들어가 일을 했는데 조카도 15세에 저를 따라 궁으로 들어갔습니다. 그러던 중 경진년(1760, 영조 36)에 사도세자님을 침소에서 모셨고 얼마 지나지 않아 조카는 궁 밖에서 살게 되었습니다. 그리고 보니 조카가 소천어동에서 이곳으로 이사 온 지도 어언 10여 년이 돼가는군요. 조카는 임오년(1762, 영조 38)부터 죽기로 작정하고 스스로 폐인이 되어, 세수도 하지 않고 빗질도 하지 않은 채 늘 이불로 몸을 감싸며 방 안에서 떠나지 않았습니다. 해도 보지 않고, 사람의 얼굴도 보지 않으며, 심지어 대소변을 보기 위해서 문 밖을 나간 일도 없습니다. 그저 개 10여 마리를 길러서 도둑을 막을 뿐이었지요. 한번은 이웃집에서 불이 나서 집으로 번진 적이 있었습니다. 그런데도 누워서 자리에서 일어나지 않았는데 이웃사람들이 달려 나와 황급히 불을 꺼준 덕분에 죽지 않고 목숨을 부지하게 되었습니다. 지금 나이가 45세인데 머리가 이미 백발이 다 되었습니다. 조카와 제가 내력을 밝히지 않아서 사람들이 저를 조카의 어미로 의심할 뿐 감히 말하지 못하니 모두 저의 죄일 따름입니다."

　상궁이 이씨의 얼굴을 보려고 하자 이씨의 이모는 "명을 받고 다시 오면 보여주겠지만 그렇지 않으면 보이지 않으려고 할 것"이라며 이씨의 의중을 전했다.

마침내 빛을 보게 된 궁녀의 기다림

결국 이씨를 만나지 못하고 대궐로 돌아온 상궁은 정조에게 이 사실을 전했다. 이에 정조는 대신들과 예조당상, 한성부윤 등을 부르고는 마을에 정문을 세워 표창하고 싶은데 예법에 맞는지 의견을 물었다.

　좌의정 채제공蔡濟恭은 "이것은 뛰어난 행실이니 그 집과 마을에 정문을 세우는 것을 그만둘 수 없습니다"라고 대답했다. 예조참판 이홍재李洪載, 예조참의 서매수徐邁修, 한성부 좌윤 홍명호洪明浩, 한성부 우윤 이정운李鼎運 등도 이 말에 동조하며 특별히 정문을 세우자고 간언했다. 그런데 한성부 판윤 홍억洪檍만은 홀로 다른 의견을 냈다.

　"이 일은 민간의 일과 달라서 정문을 세우는 것을 가볍게 의논하기가 어렵습니다."

　대신들이 의견을 올리자 정조가 대답했다.

"정문을 세우는 것은 충신과 열녀에게만 해당되니 이 두 가지 경우에만 주는 관례를 무시하고 무턱대고 칭호를 줄 수는 없다. 그저 아무개의 집이라고 써서 마을에 들어가고 그 문 앞을 지나는 사람들이 아무개가 사는 곳임을 알게 하면 될 것이다."

왕실의 여인으로 정조를 지키는 것이 당연하니 민간의 일처럼 함부로 정문을 세울 수 없다는 홍억의 충언을 봐서 의례상 한 말이었다. 뒤이어 정조는 다음과 같은 전교를 내렸다.

"지난번 오부에서 혼인을 하도록 권하는 일로 인해, 성문 밖에 과년한 처녀가 있는데 나이는 30세가 넘어 이웃 마을에 소문이 퍼지고 관부에서도 사실을 알고 있지만 차마 그 일을 제기하지 못하고 말을 전하지 못한다는 이야기를 들었다. 과인이 그 뒤로는 거의 침식을 잊었는데 '만약 그것이 사실이라면 정당하게만 처리하면 될 뿐 사소한 절차 문제야 어찌 모두 돌아볼 수 있겠는가? 하지만 난처한 점이 한두 가지가 아닐 것이다'라고 생각했다. 아무튼 이 말을 들은 후로는 마음이 매우 불편하여 자다가도 한밤중에 일어나곤 했다. 그러던 중 엊그제 늙은 궁인을 보내고서야 비로소 자세한 내용을 듣게 되었는데 그 뛰어난 사적은 《삼강행실三綱行實》에 올리더라도 옛사람들에게 부끄럽지 않을 정도이다. 정문을 세워 표창함으로써 좋은 풍속을 진작하고 싶은데, 마침 여관女官의 명칭

중에 수칙이라는 것이 있으니 이를 내리려 한다."

정조는 월암촌의 오두막집 앞에 정문을 만들고 '수칙이씨지가守則李氏之家'라는 편액을 달도록 명했다. 그러고는 전관銓官(이조와 병조의 관원을 일컫는 말)에게 명하여 정청政廳(관리의 인사를 관장하는 회의)을 열어 작위를 내리고 품계는 종2품이 되도록 했다. 또한 호조의 당상관과 한성부윤에게 명하여 직접 편액을 다는 일을 감독하고 쌀과 비단과 돈을 넉넉히 주어 생활에 보태도록 했다. 그리고 얼마 후에는 소천어동에 집을 사주고 정문과 편액을 옮기도록 했다.

이렇게 하여 이씨는 수칙이라는 작위와 '수칙이씨지가'라는 편액, 그리고 정렬貞烈이라는 칭호까지 하사받게 되었다. 그리고 이해(정조 15년, 1791)부터 호조로부터 매달 쌀 1석과 돈 10냥씩을 지급받게 되었으니 모두가 좋은 씨앗을 뿌린 데 대한 인과응보라 할 것이다.

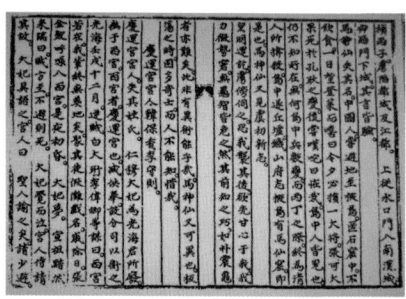

《연경재집研經齋集》에 실린 수칙 이씨에 대한 기록. 《연경재집》은 조선 후기의 문신 성해응成海應의 저서다.

조선 궁궐의
이국 소쩍새,
명나라 궁녀 굴씨

 조선으로 온 명 황실의 궁녀들

궁궐의 높은 담장 안에 갇혀 살면서 여간해서는 그곳을 나가기 어려운 것이 궁녀의 삶이다. 이러한 궁녀의 처지에도 불구하고 자기 나라도 아닌 이역만리 조선에 와서 살다간 명나라 궁녀들이 있었으니 그녀들의 이름은 굴저屈姐, 최회저崔回姐, 유저柔姐, 긴저緊姐였다. 이들 중 사람들의 입에 가장 많이 오르내린 여인은 굴씨이다.

인조 15년(1637) 2월 2일 병자호란이 끝나자 청나라는 강화조약에 따라 삼전도에서 군사를 거두고 살곶이로 나와 인조가 송별하는 가운데 철수를 시작했다. 뒤이어 소현세자·봉림

예친왕 도르곤의 화상. 청 태종 홍타이지가 죽고 순치제가 어린 나이로 즉위하자 정친왕과 함께 보정왕輔政王으로서 섭정하던 중 정친왕을 누르고 실력자가 되어 정국을 장악했다.

대군·인평대군 부부와 용성대군, 그리고 이들을 호종屬從할 신하 등 일행 180여 명이 청나라 군사들을 따라 심양으로 향했다.

심양에 도착한 소현세자 일행은 황제를 알현하고 심관에 여장을 풀었다. 심관이란 청나라에서 세자 일행이 묵을 숙소로 새로 지은 건물이었던 심양관소를 말한다. 이때 소현세자는 청나라의 실세였던 예친왕 도르곤多爾袞과 가까이 사귀게 된다.

인조 22년(1644) 9월 심양을 출발한 예친왕의 군대가 북경에 입성하자 소현세자 일행도 그를 따라 자금성 문연각에 들어갔다. 이후 11월 11일 예친왕으로부터 귀국 허락을 받기까지 소현세자는 약 70일간 북경 선무문 내 주원에 머물면서 아담 샬 신부와 친교를 맺게 된다. 이 기간 동안 소현세자는 천주교에 대해 깊이 이해하게 되었다.

이듬해 1월 소현세자는 예친왕의 권유에 따라 멸망한 명나라 왕조를 모셨던 환관 5명과 궁녀 4명을 데리고 귀국했는데 이들은 모두 독실한 천주교 신자였다. 이 4명의 궁녀가 바로 굴저, 최회저, 유저, 긴저이다.

굴씨는 본래 중국 소주 지방의 양인이었다. 굴씨가 살았던 시대는 이미 명나라가 국운을 다해 기울어져가던 때로 탐관오리들의 행패가 극심했다. 굴씨가 살던 마을의 관리도 학정을 일삼으며 미녀들을 마구 잡아들였다. 참다못한 굴씨의 어머니는 차라리 굴씨의 목숨을 끊으려 했지만 다행히 죽음 직전에 구해준 사람이 있어서 겨우 생명을 부지할 수 있었다.

굴씨를 구해준 사람이 내직 관리였던 인연으로 굴씨는 장

북경에 있는 북천주당. 이곳에서 소현세자는 아담 샬 신부와 친교를 맺게 된다.

추궁에 들어가 명의 마지막 황제 숭정제의 비인 주황후周皇后를 모시게 된다. 이때 그녀의 나이 겨우 일곱 살이었는데 빼어난 용모와 바른 품행으로 황후의 총애를 한 몸에 받았다고 한다.

《존주휘편尊周彙編》에 의하면 농민 반란군 이자성李自成에 의해 자금성이 점령되고 황제와 황후가 자결하자 그녀도 황후의 뒤를 따라 자결하려 했지만, 주변의 만류로 대궐에서 도망쳐 나와 민간에 숨었다고 한다.

한편 또 다른 사료인 《금계필담錦溪筆談》에는 이자성이 부장인 유종민劉宗敏에게 굴씨를 주었는데 굴씨가 정조를 지키기 위해 자결하려 하자 유종민이 그녀의 굳은 절개를 갸륵하게 여겨 살려주었다는 기록도 보인다.

민간에 숨어 지내던 그녀는 결국 청나라 군사에게 발각되어 최고 사령관인 예친왕에게 보내졌다. 이때 그녀가 청인들을 유적流賊(부랑배)이라고 욕하는 사건이 벌어진다.

어느 날 예친왕이 둥근 모자에 짧은 상의를 입고 얼굴에는 면사를 드리우고 앉아 있는데, 이 광경을 본 굴씨가 "남자도 면사를 한단 말인가? 오랑캐들은 참으로 유적이로구나"라고 말한 것이다. 그러나 예친왕은 이 말을 듣고도 철없는 어린 소녀가 한 말이라며 그녀를 살려주었다. 이를 볼 때 굴씨도 뛰어난 용기를 가진 소녀였지만 그에 못지않게 예친왕 또한 대단한 호걸이었던 듯하다. 굴씨를 죽이지는 못하고 그렇다고 데리고 있기에도 부담스러웠던 예친왕은 그녀를 심양에 있는 소현세자에게 보냈다. 이때 굴씨의 나이 22세였다.

비파를 켜고 머리 트는 법을 가르치다

귀국하는 소현세자를 따라 조선으로 건너온 굴씨는 만수전에 배속되어 대비인 인조의 계비 장렬왕후 조씨를 모시다가 이후 세자궁을 따라 향교방(안국동 교동초교 근방)에 나가 살게 되었다. 그러다가 얼마 후 소현세자가 세상을 떠나자 그녀는 여승이 되어 자수원에 머무르게 된 듯하다. 자수원은 한때 5,000명의 여승을 거느릴 정도로 규모가 큰 국내 최대의 비구니 사찰이었다.

  조선에 사는 동안 그녀는 항상 중국 쪽을 바라보고 황후의 은덕에 대해 말하면서 눈물을 흘렸다. 또한 여진족을 언급할 때마다 몹시 분노했다. 굴씨는 비파를 잘 타서 스스로 사귀곡思歸曲을 짓기도 했다. 그녀가 연주하던 비파는 몸체가 자단목紫檀木으로 되어 있었는데 나뭇결에 광택이 있어서 머리카락이 비칠 정도였다. 사람들은 후에 그것이 악기라는 사실을 모르고 우물을 치는 도구로 사용했다.

  또한 궁인들에게 머리 트는 모양을 가르치기도 했다. 당시에는 상투 트는 법이 통일되지 않고 다들 제각각이었다. 효종은 굴씨로 하여금 명나라 황실에서 익혔던 결발법結髮法을 시범하게 하여 본을 삼았다. 그리고 송시열宋時烈은 이 자수원 결발법을 표준으로 하여 전국적으로 상투 트는 법을 통일하자고 주청했다.

새와 짐승도 잘 길들였는데 각기 신호가 있어서 뜻대로 재주를 부리게 했으며 나중에 이 비법을 제자 진춘進春에게 전수했다. 이후 굴씨는 소현세자의 손자인 임창군의 집에 나와 있으면서 어린 임창군을 보살피다가 향년 70세의 나이로 세상을 떠났다.

글을 몰랐던 굴씨는 이름을 물으면 "반름기頒廩記(일종의 급여 명세서)에 나온 제 성의 글자 머리 부분이 자 척尺 자와 같았고 발음은 규圭라 했습니다"라고 했기 때문에, 모두들 그녀의 성을 규씨로 잘못 알고 규저圭姐라 불렀다. 다행히 훗날 중국에 가는 역관을 통해 물어본 후에 그녀가 굴씨屈氏였음이 밝혀졌다.

북벌하는 군대를 제 눈으로 지켜볼 것입니다

명나라 황실의 부흥을 밤낮으로 기원하던 굴씨는 가슴에 깊은 원한을 품고 죽으면서 이런 유언을 남겼다.

"오랑캐는 저의 원수입니다. 제 생전에는 오랑캐의 멸망을 보지 못했지만 죽은 후에라도 혹시 북벌을 하러 가는 군대가 있으면 두 눈을 부릅뜨고 지켜볼 것입니다. 그러니 저를 서쪽 교외 길가에 묻어주십시오."

굴씨의 소원에 따라 사람들은 서쪽 교외인 지금의 고양시 덕양구 대자2동 간촌 마을에 그녀를 묻어주었다. 소현세자의 셋째아들인 경안군의 묘 오른쪽 기슭인데 소현세자의 증손자인 밀풍군의 무덤 맞은편에 위치해 있다. 묘지명은 임창군이

명나라 궁녀 굴씨의 무덤. 경기도 고양시 대자동에 위치해 있다.

손수 지었다.

  오늘날 간촌 마을에는 소현세자의 후손인 이우석 옹이 선조들의 묘와 굴씨의 무덤을 보살피고 있다. 이전에는 묘제墓祭를 지내면서 굴씨의 무덤에도 제사를 올렸는데, 요즘에는 참석하는 숫자가 많지 않아 음력 10월 첫째 일요일에 집에서 제사를 모신다고 한다.

  이우석 옹의 말에 의하면 본래 이곳에 굴씨의 묘비가 남아 있었는데 소현세자의 증손자인 밀풍군이 이인좌李麟佐의 난에 연루되어 죽임을 당할 때 굴씨의 묘비도 함께 없어졌다고 한다.

  필자가 2003년 9월 초순경 그곳을 찾았을 때는 무덤의 잔디가 소나무 숲에 가려 자라지 못하고 붉은 흙이 드러나 있어서 안타까움을 자아냈다. 또한 당시의 상석이 온전히 보전되어 있어서 보는 이로 하여금 연민의 정을 느끼게 했다. 그때 그녀의 명복을 빌고자 준비해간 떡과 약과를 상석에 차려놓고 제사를 지냈던 기억이 난다.

  훗날 이곳을 지나던 녹사 김주증金疇曾은 다음과 같은 시를 지어 굴씨의 혼을 위로했다.

> 풀잎은 비단 치마요 꽃은 비녀 같구나
> 이 언덕에 그대 묻은 지 그 몇 해던가.

가련하다 한식 청명절에는

명나라 궁녀를 위해 술 한 잔 전해볼까 하네.

草似羅裙花似鈿 斷原埋玉幾經年

可憐寒食淸明節 惟有宮娥送酒錢

 이 외에도 굴씨에 대한 문학작품으로는 신위申緯가 굴씨의 비파를 보고 지은 〈비파가琵琶歌〉와 홍신유洪愼猷의 〈굴씨사屈氏辭〉가 있는데 이 작품들에서는 굴씨의 신산한 삶을 애절하게 묘사하고 있다.

 멸망한 왕조인 명의 마지막 궁녀였던 굴씨는 이역만리 이국땅인 조선에 와서도 새 주인인 조선 왕실의 평안을 위해 헌신하다가 생을 마감했다. 그러니 비록 충성을 바친 나라는 달랐지만 언제나 궁녀의 본분에 충실했던 여인이었다고 평가할 수 있을 것이다.

바다 건너에서 피어난 조선의 성녀, 오타 주리아

 코르시카의 수호성인에게서 따온 세례명

사람의 인생살이를 보면 부모의 은덕으로 편안한 삶을 살다 간 이가 있는가 하면 뜻하지 않은 불행을 겪어 파란만장한 일생을 살다간 이도 있다. 오타 주리아おたあ ジュリア는 임진왜란 때 일본에 포로로 잡혀갔다가 가톨릭 성녀가 된 궁녀이다.

임진왜란 7년 전쟁(1592~1598) 당시 왜병들은 어린아이와 부녀자를 포함한 5만여 명을 일본에 포로로 끌고 갔는데 그중에는 왕족 출신의 세 살짜리 여자아이도 있었다. 우리는 그녀의 이름을 보통 오타 주리아, 혹은 오다 줄리아라고 부른다. 몇몇 일본 측 기록에서는 일본식 발음을 따서 한자로 오다 유립아大田 儒立亞라고 적고 있는데 오다大田는 차음을 해서 표기한 성이고 '儒立亞'는 주리아를 중국식으로 기록한 이름이다.

오타 주리아는 독실한 가톨릭 신자였던 왜장 고니시 유키나가小西行長(세례명 아우구스티노)의 눈에 띄어 일본으로 피랍되었고 그의 양녀가 되었다. 유키나가는 열렬한 가톨릭 신자였는데 부인은 물론이고 어머니 막달레나와 큰딸 마리아, 양녀인 오타 주리아, 아버지와 아들까지 집안 전체가 모두 가톨릭 교도였다.

집안에서 총명함을 인정받은 오타 주리아는 양아버지 아우구스티노와 양어머니 유스티나에게 종교적인 교육을 받으면서 자랐으며 천주교도들에 대한 박해를 피해 밤늦도록 성서를 읽고 기도를 드렸다. 또한 약초에 대한 공부도 상당히 했던 것으로 알려진다.

1596년 5월 그녀는 예수

고니시 유키나가의 화상. 도요토미 히데요시를 섬기면서 아버지와 함께 세토나이 해의 군수 물자를 운반하는 총책임자가 되었다. 임진왜란 때는 1만 8,000명의 병력을 이끌고 제1진으로 부산진성을 공격했다.

회 선교사 페드로 모레혼Pedro Morejon 신부로부터 세례를 받고 줄리아라는 아름다운 세례명을 얻게 된다. 그녀의 세례명이 된 줄리아는 본래 카르타고의 귀족 가문 출신인 성녀 율리아 의 이름인데 율리아는 시리아 상인에게 노예로 팔리는 불행 을 겪었다. 율리아의 주인 에우세비우스는 율리아를 데리고 프랑스 지방으로 가다가 북코르시카의 케이프 코르소섬에 하선했다. 그때 섬의 통치자인 펠릭스가 에우세비우스와 율리아에게 신전에 희생물을 바치도록 했는데 율리아가 그리스도인이라는 이유로 완강히 거부하자 십자가에 매달려 죽임을 당했다. 이후 율리아는 코르시카의 수호성인이 되었다.

에도성의 궁녀로 들어가다

1598년 도요토미 히데요시豊臣秀吉가 사망한 이후 일본에서는 도쿠가와 이에야스德川家康의 세력이 점차 강대해지면서 이를 저지하려는 이시다 미쓰나리石田三成 세력과 운명을 건 일대 혈전을 벌인다. 이것이 그 유명한 세키가하라 전투이다. 이때 주리아의 양부인 유키나가는 미쓰나리의 서군에 동조하여 이에야스의 동군과 싸우다가 패하게 된다. 유키나가는 이부키야마로 피했지만 결국에는 붙잡혀 교토에서 참수된다. 자살을 금지한 천주교의 교리에 따라 할복 자결을 거부했기 때문이다.

이후 유키나가의 영지는 몰수되어 라이벌 가토 기요마사加藤清正에게 돌아갔고, 큰딸 마리아는 대마도 영주이자 남편인 소오 요시토시宗義智로부터 이혼당하는 등 불행이 이어졌다. 양부모의 가문이 몰락하자 주리아는 도쿠가와 이에야스의 측실 시녀로 차출되어 에도성으로 들어가게 된다.

이에야스는 아들 히데타다秀忠에게 에도성을 물려주고 슨푸성으로 내려갔지만 그곳에서도 궁녀 생활은 계속되었다. 오타 주리아는 어려운 환경 속에서도 고해성사를 보고 성체를 영하는 등 신앙생활에 충실하여 주변 사람들을 감동시켰으며 가난한 사람들을 불쌍히 여겨서 남몰래 양식도 많이 나누어 주었다.

그런데 슨푸성의 화재와 천주교도들의 뇌물 문제가 연이어 불거지면서 가톨릭교도 박해 사건이 일어났다. 주리아가 가톨릭 신자임을 안 이에야스는 사람을 감화시키는 그녀의 덕성을 보고 배교背教를 하면 살려주겠다고 했지만 주리아는 목숨을 버리면 버렸지 절대로 신앙을 버릴 수 없다고 단언한다. 결국 오타 주리아는 1612년 4월 20일 유배형을 받아 이즈반도의 오시마로 추방되었다. 그때 그녀의 나이 21세였다.

40년간의 지난한 유배 생활

도쿠가와 이에야스의 초상. 오카자키의 성주였던 무장 마쓰다이라 히로타다의 장남으로 태어났다. 히데요시와 오랫동안 권력을 두고 대결했고 세키가하라 전투에서 승리를 거두면서 일본 전체의 지배권을 장악했다.

예수회 선교사 파에즈Paez 신부에게 자신의 유배 소식과 함께 기도를 부탁한다는 내용의 편지를 보낸 주리아는 교우에게 유배도 일종의 긴 순교라는 말을 듣고 기뻐하면서 유배 길에 올랐다. 가마를 타고 유배지로 향하던 주리아는 관리에게 부탁하여 배에 오르기 전 항구까지의 75킬로미터나 되는 험한 돌길을 피투성이가 되면서도 맨발로 걸었다. 그녀는 함께 온 교우에게 "그리스도께서 어깨에 십자가를 메고 갈바리아 언덕을 오를 때 맨발로 걸으시며 많은 피를 흘리신 것처럼 나도 주님의 뒤를 따르겠다"고 말했다.

오시마에서의 유배 생활은 잠시였다. 30일 후 주리아는 남쪽으로 약 25킬로미터 떨어진 니이시마로 옮겨졌는데 거기에서 궁녀로 함께 일하던 루치아와 글라라를 만나 기뻐했으나 15일 만에 다시 30킬로미터 떨어진 고즈시마로 유배되었다.

이렇게 오타 주리아가 여러 섬으로 옮겨진 이유는 가는 곳마다 사람들을 감화시켜 천주교를 전파하는 바람에 관리들이에도 막부에 진정을 했기 때문이다.

섬 전체가 한 덩어리의 바위로 된 고즈시마는 집이라고는 오두막 열 채뿐이며 외부에서 식량과 생필품을 전해주지 않으면 사람이 살 수 없는 곳이었다. 그러나 주리아는 그곳에서의 생활이 궁중 생활보다 더 행복하고 자신이 주님으로부터 더 큰 사랑을 받고 있다고 생각했다.

오타 주리아는 고즈시마에서 양부의 친구 미쓰나리의 자손들에게 도움을 받아가며 어렵게 생활했지만 힘겨운 생활 속에서도 언제나 기도를 잊지 않았다.

오타 주리아는 혼자 제대(祭臺)를 꾸미고 미사를 드리는 의식을 치르는가 하면, 멀리 육지에 있는 신부들과 편지를 통해 유배지에서의 신앙생활에 따르는 어려움을 호소하기도 했다. 또한 순교자들의 전기, 성인·성녀전, 기도서 등을 보내달라고 부탁하여 섬사람들을 교화하기도 했다.

예수회 선교사 파에즈 신부에게 보낸 편지 속에는 그때 주리아의 생활이 어떠했는지가 잘 나타나 있다.

다행히 하나님의 법을 알아서 마음이 즐겁습니다. 지금 이 섬의 산은 골고다 언덕의 산과 비슷합니다. 예수님께서 받으신 고

고즈시마에 세워져 있는 오타 주리아 기념비 풍경

난을 묵상하고 성모 마리아께서 겪으신 고통을 생각하니 눈물이 그치지 않습니다. 온갖 고난이 겹치더라도 다 겪어내어 조금이나마 주님의 은혜에 보답하고 성모 마리아님을 위로하고 싶습니다.

한편 순교자 비에이라Sevastiano Vieira 신부는 오타 주리아의 유배 생활에 대해 이렇게 기록했다.

"오타 줄리아는 총애를 받던 궁녀의 몸으로 외딴 무인지경無人之境으로 유배를 가서 수많은 신고辛苦를 겪으면서도 편하기만 하던 황궁에서보다 흡족해했고, 자유롭게 하나님을 받들고 그분께 바친 사랑 때문에 고통받게 된 것을 기쁘게 생각했다. 사제가 미사를 행하는 모습을 그린 성화를 손에 넣게 된 줄리아는 간절히 소망하는 신비의 제사에 참석하지는 못하지만 상상 속에서 그곳에 참여하고 있었다. …… 궁중에서 천주교를 믿던 일본인 신도 루치아·글라라 왕녀(사실 둘은 왕녀가 아닌 궁녀였다)와 더불어 자신들은 천주교를 믿고 있으며 신앙을 위해서라면 고난을 겪고 죽을 각오까지 되어 있음을 공공연히 밝혔다."

지금까지 오타 주리아는 1652년 귀양지인 고즈시마에서 40여 년 동안의 기나긴 유배 생활을 마감하고 소천召天한 것으로 알려졌었다. 그러나 최근 학자들의 연구에 의해 그것은 사실이 아님이 밝혀졌다. 주리아에 대한 사료 중 마지막 기록은 1662년 프란치스코회 선교사에서 작성한 서한인데 여기에서는 "신앙 때문에 추방당했던 오타 주리아가 지금 오사카에 있다"고 증언하고 있다.

이원순 교수는 이러한 자료를 토대로 "선교사들의 다른 사료들을 종합해볼 때 주리아는 유배 생활을 마친 다음 교토, 나가사키, 오사카 등지에서 살면서 가난하고 소외된 이웃을 돌보는 등 자선활동에 매진하다가 1662년 이후 사망한 것으로 추정된다"고 밝혔다.

한편 1958년 12월 25일 일본인과 한국인 교포들로 구성된 천주교 신도단에서는 오타 줄리아를 추모하는 행사를 개최하고 고즈시마에 기념비를 세웠다. 그리고 고즈시마에서는 1970년 제1회 줄리아제가 열린 후 지금까지 매년 열리고 있으며 1972년 10월에는 무덤의 흙이 한국으로 환국되어 절두산순교자기념관의 줄리아기념비 유택에 안장되었다.

오타 주리아, 자신의 신앙을 위해 40년 동안의 고통스러운 유배 생활을 기꺼이 받아들인 그녀의 삶은 정신적 가치가 아닌 물질적 가치만을 숭배하는 현대인들에게 자신의 삶을 반추하게 하는 환한 거울이 되고 있다.

참고문헌

1. 원전 자료

1) 《공사견문록公私見聞錄》, 세종대왕기념사업회, 1983.
2) 《국역 대전회통大典會通》, 고려대학교 민족문화연구소, 1982.
3) 《국역 연려실기술 5》, 민족문화추진회, 1967.
4) 《국역 오주연문장전산고五洲衍文長箋散稿 20》, 이규경, 민족문화추진회, 1989.
5) 《금계필담錦溪筆談》, 송정민 외, 명문당, 2001.
6) 《대동기문大東奇聞 下》, 김성언 역주, 국학자료원, 2001.
7) 《명 선종황제 공신부인恭愼夫人 묘지명》, 청주한씨종친회.
8) 《명 선종황제 공신부인恭愼夫人 묘표》, 청주한씨종친회.
9) 《명 헌종황제 사제문》, 청주한씨종친회.
10) 《북역 고려사》, 북한 사회과학원, 1963.
11) 《삼국사기》, 김종권 옮김, 서문당, 1982.

12) 〈시디 롬 조선왕조실록〉, 서울시스템, 1997.

13) 《오백년기담》, 최동주, 박문서관, 1923.

14) 《역주 경국대전》〈번역편〉, 정신문화연구원, 1985.

15) 《역주 경국대전》〈주석편〉, 정신문화연구원, 1985.

16) 《열성어제列聖御製》, 열성어제출판소.

17) 《일본소재한국고문서》, 국사편찬위원회, 2002.

2. 단행본

1) 《고양군지》, 고양군지편찬위원회, 1987.

2) 《고양의 문화유산》, 정동일, 고양시, 1998.

3) 《궁녀》, 신명호, 시공사, 2004.

4) 《깨어라 코리아》, 이규태, 신태양사, 1988.

5) 《나는 당당하게 살겠다》, 김건우, 문자향, 2003.

6) 《대세계사 9》, 마당, 1982.

7) 《대한국사 3》, 이선근, 신태양사, 1980.

8) 《베일 속의 한국사》, 박상진, 생각하는 백성, 2004.

9) 《선원보감 3》, 선원보감편찬위원회, 1998.

10) 《송설당의 시와 가사》, 정후수·신경숙·김종훈 공역, 어진소리, 2004.

11) 《신비롭고 재미있는 직지 이야기》, 박상진, 태학사, 2013.

12) 《역사스페셜 3》, 효형출판, 2003.

13) 《역사스페셜 5》, 효형출판, 2003.

14) 《이규태의 600년 서울》, 이규태, 조선일보사, 1993.

15) 《이덕일의 여인열전》, 이덕일, 김영사, 2003.

16) 《이조의 여인상》, 이석래, 을유문화사, 1984.

17) 《은평구의 문화유산》, 박상진, 은평문화원, 2005.

18) 《왜곡과 진실의 역사》, 김삼웅, 동방미디어, 1999.

19) 《전통문양》, 유남해, 대원사, 1996.

20) 《전통자수》, 한영화, 대원사, 1994.

21) 《조선시대 서울 사람들 1》, 서울문화사학회, 어진이, 2003.

22) 《조선시대의 음식 문화》, 김상보, 가람기획, 2008.

23) 《중세시대의 환관과 궁녀》, 정구선, 국학자료원, 2004.

24) 《조선조 궁중풍속 연구》, 김용숙, 일지사, 1996.

25) 《재미있는 은평 이야기》, 이성영, 민미디어, 2001.

26) 《한국의 역사 2》, 이상옥, 마당, 1982.

27) 《한국의 역사 3》, 이상옥, 마당, 1982.

28) 《한국의 역사 9》, 이상옥, 마당, 1982.

29) 《한국의 옛시》, 김희보, 종로서적, 1989.

30) 《한국 여류 한시의 세계》, 김지용·김미란 역저, 여강출판사, 2002.

31)《한국인의 성과 미신》, 이규태, 기린원, 1991.
32)《한국인의 옷》, 조효순, 밀알, 1995.
33)《한국여성오천년사 2》, 이현희, 명문당, 1988.
34)《한국여성오천년사 3》, 이현희, 명문당, 1988.
35)《한국문헌설화 2》, 김현룡, 건국대학교출판부, 1998.
36)《한국복식사연구》, 유희경, 이화여자대학교출판부, 1989.
37)《한국복식문화사전》, 김영숙, 미술문화, 1998.
38)《한국천주교여성사》(Ⅰ), 김옥희, 한국인문과학원, 1983.
39)《한국한시문선집 7》, 경원문화사, 1992.

궁녀의 하루